湛庐CHEERS

与最聪明的人共同进化

HERE COMES EVERYBODY

让孩子成为超级学习者

HOW TO TEACH KIDS ANYTHING

[美] 彼得·霍林斯（Peter Hollins） 著　　沈丹　杨轶　译

北京联合出版公司
Beijing United Publishing Co.,Ltd.

你了解如何高效地指导孩子学习吗?

扫码鉴别正版图书
获取您的专属福利

扫码获取全部测试题及答案
一起了解培养超级学习者的
教学理念

- 传统教学的显著特点是:

  A. 孩子在学习过程中承担更积极的角色

  B. 老师运用“我教你学”的方式，将自己掌握的知识直接灌输给孩子

  C. 老师基于孩子已知的知识，通过让孩子总结、提问、预测等来帮助他们学习未知的知识

  D. 老师在教学过程中扮演的是帮助者、引导者的角色

- 优秀的老师必须具备的特征的是:

  A. 采用灵活的教学方法

  B. 勾勒清晰的学习路径

  C. 建立和谐的师生关系

  D. 以上全部

- 老师需要根据孩子的学习能力制定难度“恰到好处”的课程吗?

  A. 需要

  B. 不需要

扫描左侧二维码查看本书更多测试题

目　录

HOW TO TEACH KIDS ANYTHING

第 1 章

只有老师才知道的5种教学法

在很久以前，那些聪明、有学术头脑的人被认为是天生的老师。校长、教授、家庭教师等在成为老师之前并没有经过专门的培训，他们只需要理解自己所讲的主题就可以了。因此，在人们意识到教学本身就是一种需要学习并掌握某些知识的行为之前，老师们只能依赖自己想到的一切方法，帮助孩子学习知识和技能。

值得庆幸的是，如果你正在寻找比当下的教学方法更具指导性和更科学的方法来帮助孩子学习的话，你比几个世纪前的那些老师拥有更多的资源。在本书中，我们将探讨什么是教学，什么是学习，以及在教学过程中老师可以使用的不同的技巧和方法，来帮助孩子实现学习目标。

像其他任何一个领域一样，教育领域也在不断进步和发展，所以要做好心理准备，因为你对学习以及如何学习的宝贵见解或将受到挑战。教学确实是一项艰巨的任务，但是你如果能遵循本书讲述的教学方法，你的教学能力一定会得到提高。

首先，你需要明白：好的教学方法不止一种。

教育学可以被理解为教育从业者如何学习以及如何通过教学来帮助他人的艺术和科学。当然，你对学习和教学的认知取决于很多因素：你如何理解大脑和思想、如何理解知识，以及你如何理解大脑和思想与这些知识相互作用的模式。这就意味着在教学中你可以使用多种模式、风格、方法或范式。

作为一名老师，在孩子的学习过程中，你有塑造和引导他的能力。虽然大多数人都低估了一位优秀老师的重要性，但当你发现你和孩子之间的关系、你理解问题的方式确实影响了他们看待问题和生活的方式时，你会觉得很神奇。还有什么比这更重要的呢？还有什么比帮助孩子“学得更好”更有价值呢？

之所以能够熟练运用不同的教学方法，是因为你拥有一个非常庞大的工具箱，能够更好地将这些教学方法与孩子的需求进行匹配。你的教学方法越有效，他们的学习效率就会越高，学习过程也会越愉快。有了正确的教学方法，他们的参与感会更强，对概念性的内容理解得更深刻，记忆得更牢固。当你的教学方法得当时，你不仅仅是在传授自己所担任的科目的知识，你也在教孩子如何学习。而学习方法对孩子来说尤为重要。

因此，你应该认真掌握一些科学的教学方法。它们不仅仅是一套技巧的集合，还是一套思维模式，即将你的教学理念、态度和技巧等联结在一起的思维模式。你可以把每一种教学方法想象成一个由自己构建的学习环境，孩子在这个环境里学习，这个环境越有激励性，越令人兴奋，你讲述的内容越恰当、越贴近主题，且所讲的内容之间关联性越强，孩子的学习就会越深入。

1. 建构主义教学法

在过去的 30 年里，即使那时的老师不知道建构主义教学法这一概念，他们在教学的过程中也很可能使用了该方法。建构主义教学法的理论依据是：**假设孩子在大脑中以一次一个单元构建新知识的方式学习，就像一块砖一块砖地砌墙一样。**他们从已知的部分开始，逐步搭建并向前推进，整合新信息，将数据有条理地分门别类，让自己所学的知识变得更有逻辑性。这座“建筑”的地基就是他们已经理解并掌握的知识。

当运用建构主义教学法进行教学时，老师的教学目标是将这些外部的知识结构和概念输入孩子的大脑中。作为一名老师，你需要了解孩子来自哪里，所处的文化环境以及他的情感经历等，然后协助他在这些基础上与知识建立连接，从而帮助他们编织自己更强大的认知网络。即便是老师为孩子指明了一条路径，让他们沿着这条路径更轻松地学习，孩子依旧被认为应该在自己的学习过程中承担更积极的角色。

确切地说，建构主义教学法中没有老师，只有“导师”。导师的工作不是通过讲课简单地向孩子展示知识和向他们灌输思想，也不是把自己大脑中的数据直接传输到孩子的大脑中。**在教学中，老师靠说和讲，而导师靠的是以提出问题的方式，建议、提示和塑造孩子，让他们自己选定学习的方向。**通过提问、对话和设置问题，孩子被置身于一个通过主动思考来学习知识的学习环境中。一名优秀的老师扮演的是帮助者、引导者的角色，只有当你彻底理解这条要走的路，以及孩子在这条道路上处于哪个位置时，才能更好地运用这一方法进行教学。

在建构主义教学法中，结构和内容很重要。每一条新的信息都必须在一个“脚手架”上与之前的信息进行连接。在学习 D 和 E 之前，孩子需要先掌握 A、B 和 C。更重要的是，孩子需要知道它们之间是如何相互联系的，以及它们所形成的更大的知识网。

使用举例或类比的方法说明某个概念是建构主义教学法的经典教学模式，它基于孩子已知的知识，通过让孩子总结、提问、预测等方式来帮助他们理解未知的知识。例如，历史老师会要求孩子对已经学过的历史事件进行总结，并就他们认为接下来可能发生什么提出一些问题或进行预测。或者，老师可将课程学习以布置任务的方式让孩子自主学习：孩子们共同制订课程计划，一起编写课程总结或完成学习任务，并分享给班级的其他孩子。

为什么要这样做呢？当孩子提出问题、思考概念及其含义、探寻结果、做总结，并将新信息与他们已经掌握的信息联系起来时，他们才是学习的积极参与者。这样学习比被动地接受老师传授的知识效果要好得多。**建构主义教学法适用于那些有明显顺序组成的课程，或可以一步一步地构建出更复杂且更具逻辑性的课程。**大多数教科书都体现了这一点。比如，第 9 章的内容往往比第 2 章更难，而且后一章都是建立在孩子已经阅读了前面章节内容的基础上。

建构主义教学法不仅仅是一种实用的教学方法，更是一种教学态度。在这种教学模式中，老师关注、支持和激发孩子内在的学习动力。当孩子问老师一个问题时，老师可能会用另一个问题来回答，旨在提示和引导孩子进入下一个逻辑环节，以便他们逐步理解和掌握新的知识。

2. 协作式教学法

协作式教学法与建构主义教学法有相通之处，它们均提倡孩子自主学习。如果说运用建构主义教学法进行教学的老师利用了孩子天生的自学能力，那么协作式教学法则利用了孩子可以且能够在相互帮助下进行学习的天性。传统的课堂教学模式通常是一群孩子和一名老师，但在现实生活中，在课堂教学之外，学习是如何进行的呢？整体通常大于各部分相加的总和。也就是说，当一群人聚集在一起讨论学习时，他们对知识的理解力往往会比他们各自独处时更高。

协作式教学法的主张是：人的大脑是一个社会客体，在他人面前，更容易产生动态的批判性思维、理解和解决问题的能力。和其他教学方法相比，协作式教学法相对更现代，与传统的课堂教学模式中孩子独自坐在课桌前安静地学习、做自己的功课、以书面形式表达自己对所学知识的理解的情况截然相反。

协作式教学法认为，人际互动对孩子不是一种干扰，而是可以促进他们学习的强大力量。当然，漫无目的的闲聊并不是人际互动的目的，它的真正目的是让孩子积极地参与、热烈地辩论，集体解决问题，通过小组讨论纠错和改正。运用这种教学法进行教学的优点是，孩子在学习枯燥、抽象的知识的同时，提升了沟通技能，从而让他们学会自我调节、管理情绪以及与其他孩子共情，练习合作和妥协，学会更有效地辩论和说服，并对与自己不同的观点和经验获得更多的理解。

当孩子们结对学习或进行小组学习时，他们的学习变得更真实、更实用，书本中的概念变得更加立体和生动。当不同的视角和技能作为学习经验的一部分被添加到小组活动中时，孩子的视野会更加开阔，学习的环境比书中假设的抽象情境更接近现实。

你喜欢大学期间学校组织的那些小组活动吗？很多人可能都不喜欢。作为一名老师，如果你只是简单地将孩子分组，并分配给他们一个通常一个人就可以完成的任务，这并不是真正的协作式教学法。虽然它看上去像是为孩子提供所谓的学习体验，但实际上只是一种让你减少工作量的偷懒的教学方式。真正的协作式教学法应该像下面这个例子。把一个复杂的问题作为辩论主题分配给一组 6 个孩子。每个孩子都有自己的明确任务，大家必须齐心协力，通过讨论、相互交换意见，最终提出新的问题、论点和见解。

另一个例子是拼图活动。每个孩子都只拿到了一幅大图的一小部分，然后，他被告知要去构建一幅更大的图景，而实现这一目标的方法是参与活动和相互交流。老师可以向孩子解释拼图步骤，然后让他们研究这些部分是如何组织在一起的。

你可能会注意到，以上活动不仅是协作性的，而且还包含了建构主义教学法的元素。一个基本的协作技巧是，让知识更丰富或学得更快的孩子去指导知识掌握得较少和学得较慢的孩子。两类孩子都可以从中以不同的方式受益，前者巩固了对知识的理解，后者从同伴那里获得了指导，而这些合作伙伴或许比经验丰富的老师更了解他们彼此的情况。

3. 探究式教学法

科学家或探险家不需要老师，他们自己就可以找寻到获取和理解新知识的途径。他们获取和理解新知识的工具是：谦卑地提问。

提问是学习的核心，不管它是否对学习有显性帮助。当我们还是孩子的时候，尤其在上学之前，我们往往依靠永不满足的好奇心和渴望去理解和熟悉自己所处的世界。建构主义教学法的教学原理是基于人类思维的内在结构特征，协作式教学法则基于人们内在的社会和关系特征，而探究式教学法这种基于探究的教学方法触及了人类好奇心的核心，即人们通过提问来推动自己自然地学习。

在教学中如果使用探究式教学法，老师必须积极构建一个有助于孩子提出问题的学习环境，或设置激发孩子好奇心并进行提问的情境。当你针对疑问提出问题、确定答案、调整假设并再次提问时，解决方法就出现了。这个过程是探究式教学法在课堂学习中的根基。

在学习中遇到有疑问的概念时，用探究式教学法比较合适。从根本上讲，你教给孩子的是寻找问题解决方案的能力，以及通过实际、合乎逻辑的场景进行批判性思考以达到理解概念的能力。而提问的方式有助于孩子理解。通过这种方式积极地接触新知识，孩子才能将其牢牢地记住，因为他们不只是记住了一些随机的事实，还通过提问直接参与了探究的过程。

为了让孩子自然地进入探究的学习过程，老师可以构建一个学习情境或情景。例如，你可以给出一个具体的案例，并要求孩子分析或给出解决方案。或者给孩子设置一个非常直接的问题，他们的任务不是明确地得出一个解决方案，而是展示确定方案的过程，这样他们就可以将这个过程延展到其他类似的问题中去。这种教学方法比老师直接告诉孩子正确答案更有效。下面是一个使用该教学法进行教学的案例。假设你想教孩子有关浮力的物理概念，你可以先问他们：大型游轮和船只那么沉，为什么能够漂浮在水面上呢？在他们尝试着回答这个问题后，你再结合理论与实际解释漂浮和浮力的概念。关键是你不能就这样结束教学。你可以继续让孩子用你讲解的知识，设计一艘可以漂浮在水面上的船的模型。鼓励他们运用不同的材料和设计方案进行实验，直到成功设计出能在水面上漂浮的模型。接下来，你可以通过增加船的承重或设置“风暴”来测试他们对这一物理知识的掌握程度。由此，他们会进一步针对这些概念提出更多的问题，从而改进他们的模型。

当老师通过巧妙地提问来引导、挑战和纠正孩子的学习时，探究式学习就会持续进行。通过实时讨论，孩子可以学习到新的知识，甚至被鼓励自己设计问题或用自己的问题来回应老师。一个优秀的老师会关注孩子提出的问题，并通过这些问题来衡量他们的理解程度，推断他们即将达到的下一个目标是什么，并提出新的问题来激励他们实现目标。你可以跟孩子说："你已经尝试了两次方法 A，但它似乎不起作用。它为什么不起作用呢？是不是可以找出一些疑问，来帮助你发现究竟是哪里出了问题？"

4. 整体教学法

在美剧《火线》（*The Wire*）中，一位新任老师欣喜地发现，当他告诉孩子分数与概率的原理与他们所感兴趣的骰子游戏的原理相同时，那些平时对分数与概率毫无兴趣的孩子发生了改变。这位老师围绕一些骰子游戏来搭建课程，孩子们在游戏课程中不知不觉学会了一些新的数学知识。

这位老师在无意中使用了整体教学法，在这种教学法下，孩子被激励着进行跨学科联结，以强化他们的学习。同样，该教学模式应建立在承认“在自然环境中”的基础上，即人们不会在规整的、划分好的区域和框架中学习，而是自然地把不同学科知识通过其相关性实现融会贯通的目标。

整体教学法的优势体现在联结的力量。**当老师将新技能与旧技能联系起来，或将多种渠道获得的知识联系在一起教授课程时，孩子的学习会更深入、更牢固。**这有点像“三角测量”：你对一个话题了解的角度越多，就会对该话题看得越清楚。你或许体验过与整体教学法完全不同的教学经历。如你的老师孤立地讲解了三角函数知识，从来没有告诉过你这些原理与其他任何原理之间的关系，甚至在整个数学科目的学习中，你从来没有机会将这种相互联结的思维方式或所学的知识与生活联系在一起。

关于高中时学的三角函数知识，你还记得多少？应该不多吧！人的大脑是在一个复杂的、动态的、不断变化的世界中进化的，任何事物之间的差异性和多样性都是有存在价值的。在日常生活中，任何事物都不会是完全独立的，没有一种事物能与生活中的其他事物清晰地分隔开，以独立的个体呈现在我们面前。相反，每一个事物都多多少少地与其他事物相互联结在一起。如果我们想要拥有适应性强的、持久的和有意义的学习，就必须让自己的学习与周围事物的相关性质产生联结。

如何实现“异花传粉”和跨学科学习，这都取决于你。你可以将两种不同学科、书籍或课程中的知识混合在一起，你也可以将两个不同主题的概念混合在一起。你可以将一门学科中的术语、观点和解决问题的方法运用到另一门学科中。你可以通过交流，甚至可以通过争论和寻找分歧来学习。毕竟，之所以现在有如此多不同学科的存在，正是因为在过去的某个时刻，有人将不同的研究领域整合在一起形成了一个个新的学科。

整体教学法不仅能帮助孩子理解和记忆所接收的信息，还能同时教会他们一种新的技能——元思维。这将为孩子的学习带来深度、创造力和新鲜感，使他们具备思考、调整和指导自己的学习过程的能力。对于任何一个孩子来说，这都将是最好的收获。

这种教学方法在应用时比较简单。老师可以问："你认为这个过程还会在其他哪种环境中发生呢？"或者："如果其他同学看了你刚刚写的文章，他会做何感想？他会同意你的观点吗？"

在更深层次上，老师可以频繁地将不同技能和不同科目混合在一起；可以要求孩子创建一个多媒体项目，而不只是写一篇书面文章；可以要求他们在辩论时从辩方的观点出发而不是从自己的观点出发；可以要求他们使用一个意想不到的格式或一组符号来创建或输出一个解决方案。例如，孩子可以就一个政治问题展开讨论，但是要从心理动力学的角度来讨论它，或者以科学论文的形式写一篇书评。

5. 反思教学法

什么是反思？当孩子反思时，他们会停下手头的事情，有意识地、主动地思考自己学习的过程，这其实是一种自我评价和自我调整的行为。当孩子是初学者时，老师扮演着“反思者”的角色，给孩子反馈，告诉孩子做得如何。但理想的情况是，孩子自己有能力评估自己的表现，并将自己的表现与心中的目标进行比对。如果一个孩子能够做到这一点，并根据自己反思后的结论进行调整，那么孩子的洞察力就会由此而生成，而学习也由此展开。

提问对于推动学习至关重要，在某种程度上，它是一种反思、评估和调整学习的能力。一旦反思开始，这种行为就会帮助和指导孩子学习，仅凭经验是不够的。从外部获得反馈虽然也不错，但它仍然不及形成自己的反馈模式。在自我反馈时，孩子能够说：“我的经验意味着什么？对于我观察到的结果，自己该做些什么呢？”

在本章介绍的所有教学法中，反思性教学法最有可能与实践、动手学习相关联，并且最适合某些应用专业。就像外科手术技巧、某领域的社会工作技能、舞蹈编排，以及掌握乐器或复杂工具的能力——这些都是需要在实践中学习，而不是以抽象的方式学习，囿于教科书中的理论。把这些技能嵌入实践的过程中，学习才更有意义。孩子可以练习观察自己实践的效果，调整并利用所获得的洞察力来提升自己的技能或理解水平。

如果希望孩子学会反思，你需要把学习知识的过程交给他们，让他们自己掌控这一过程，使掌控学习的能力内化成孩子认知的一部分。要做到这一点，最常见的方法是询问他们：

- 这是什么？（What?）
- 那又怎样？（So what?）
- 接下来要做什么？（What next?）

让孩子观察自己制作的电路板分析和描述他们所处的情况。在孩子给出一些分析和评估后，你可以接着问他们：那又怎样？这一评估对他们意味着什么？通过这样做，引导他们去反思，并要求他们说出这一评估的意义是什么。孩子可能会说，他们看到自己制作的电路板存在 X、Y、Z 问题，这意味着他们仍然不理解这个或那个概念。然后，你可以问：下一步该做什么？根据这一问题，他们会分析现状，并引导自己采取后续的行动。他们可能会说，现在需要重新修改某一部分，以纠正他们的理解偏差。

你可以鼓励孩子进行不同类型的反思，甚至可以对反思的过程本身进行思考。作为一名老师，你可以让他们看看自己所遵循的过程、取得的结果、对此的感受、从不同角度的分析、评估（是好还是坏）、逻辑结论，以及行动计划的逐步达成。你可以要求孩子在每节课结束后进行 5 分钟的反思，看看他们学到了什么，还有哪些地方不清楚，从而促使他们为下一节课制订自己的学习目标。重要的是，你并不需要帮助孩子实现目标，而是去鼓励他们自己实现这一目标。

6. 5 种教学法的科学运用

你可能想知道，前面所提到的 5 种教学方法是不是独立存在的。事实上，**你可以根据课程内容、孩子的优劣势、学习目标和总体情况，对各种教学方法进行糅合、改进和拓展。**如果能做到这样，教学效果会更好。这些方法不是强制性的，而是用来帮助老师开拓工作的工具，是为了服务于孩子的学习而存在的。如果它们妨碍或扰乱了教学，你就可以放弃它们，寻找更适合的教学方法。

当然，有了这些教学方法，只是找到了解决问题的一半方案，你仍然需要知道在何时以及如何使用这些方法。无论孩子学习的是什么学科，学习成绩处于什么水平，总有一些普适性的教学原则，它们适用于所有孩子和所有老师。你需要优先清楚这些原则，然后继续阅读本书的其他部分。

原则一：将自己视为导师，而不是老师。你的工作是创造一个有利于孩子学习的具有支持性的环境，并为他们创造学习机会。如果你为孩子创造了合适的学习条件，他们就可以并且愿意学习。虽然这看上去似乎有些违反教学常规，没有把重点放在传授的内容上，而是放在了学习的体验上：你是否正在创造一种积极的、有吸引力的和充满活力的学习氛围？

原则二：转变思维方式——教学针对的不是老师，而是孩子。经典的教学模式是以老师为中心，以经验为主导，谈论最多的是以这种方式或那种方式指导孩子课程。你想让孩子学习什么，以及他们应该如何遵循你精心制订的教学计划，但实际情况是，在教学中应该以孩子以及他们的需求为中心。如果你的教学计划与孩子的实际认知水平不匹配，那么你所要做的就是放弃自己的教学计划，优先考虑孩子当下的实际需求。

原则三：真正高质量的学习绝不是狭隘的、孤立的或抽象的。遵循这一原则并不意味着孩子所学的一切都必须是具体的、可应用实际的，只是需要让孩子感觉到所学知识与他们的生活相关。否则，为什么要学习它？一个优秀的老师会不断地找到合适的教学方法，将教学的内容嵌入现实世界中，在生活中展现或具体应用这些内容。如果你在教一门外语，你能做的最好的事情之一就是鼓励孩子与使用该语言作为母语的人进行自然对话。或者可以通过角色扮演的方式创建一个自然情境，例如在餐馆点餐。

无论你使用哪种教学方法，你都会注意到，没有一种教学方法在鼓励那种“老师讲，孩子听”的枯燥的教学模式。相反，教和学是师生之间相互协作的过程。在教学时，从来不是老师坐在讲台上，给孩子上预先准备好的课程，孩子被动地接受老师传授的“绝对正确”的知识。相反，老师和孩子是相互依存、彼此互动的，老师根据孩子不断变化的需求调整教学内容，并使用一系列灵活的教学方法，始终围绕主要学习目标展开教学。

无论我们是在一个更正式或更专业的教学环境中，还是在家教育自己的孩子，或者出于其他原因想提高自己的教学技能，教学都是一门艺术和科学，需要自己不断学习。教学是一种交流，它包括信息输出者、信息接收者和信息本身。因此，老师不仅要考虑自己要教授的内容，还要考虑自己教授知识的方式和可能被接收到的方式。

画重点

HOW TO TEACH KIDS ANYTHING

- 教学的有效性取决于老师、孩子、教学内容的特点，更重要的是，取决于教学方式。
- 建构主义教学法试图在以顺序、逻辑和有序的方式构建知识时支持孩子学习。老师的工作是在教学中制定一个渐进的教学方案，促进孩子逐步提升。
- 协作教学法利用人际关系的力量来推动孩子学习和促进孩子理解。老师可以使用协作、小组活动、团队合作、对话或孩子自己教学来帮助孩子掌握新知识。
- 探究式教学法让老师建立一个支持和激发孩子好奇心的环境，通过提问来促进孩子学习。孩子被给予案例研究、场景和问题，或者只是被提示、提问或回答问题，以培养他们的自主掌控学习过程的能力。
- 整体教学法通过跨学科和学科间的联系，加深孩子对知识的理解。通过孩子彼此传授经验和分享知识，帮助他们更好地理解和记忆知识，让孩子学会采用更实用的方法去学习。

- 反思教学法鼓励孩子进行自我评估，即通过反思自己的学习实现自我调节和学习状态的及时调整，进而获得洞察力。老师可以通过要求孩子观察并分析自己的立场，然后形成对自己的评估，以推动和鼓励后续的学习。
- 5 种教学法可以根据需要交叉使用或综合使用。
- 这些教学法都有一些共同的前提，即好的教学法必然是协作的、便捷的、实用的、以孩子为中心的和灵活的。

HOW TO TEACH KIDS ANYTHING

第2章

优秀老师的5个特征

回想上学的时候：你还记得那些你认为最差和最好的老师吗？他们之间有什么不同呢？

那些早期的糟糕的教育经历、那些让校园生活变成人间地狱的老师给许多人留下了不可磨灭的记忆。那些所谓的“坏”老师或许因为讨厌教学工作而对孩子不屑一顾或漠不关心，或许只是能力有限，以至于不仅没有把书本上的内容讲明白，还让孩子感到很迷茫。他们依附过时的、糟糕的教学方法，对孩子造成的不良影响，需要一名优秀的老师加倍努力才有可能纠正过来。

对于许多孩子来说，无论一个领域多么好，也不管这个孩子在该领域多么有天赋，一个“坏”老师足以扼杀他们对该领域的所有热情。所以，虽然大多数老师可能刚开始会思考如何提升孩子的学习能力，但从本章开始，我们要换一个不同的角度看待问题，老师真正需要改进的是：改变自己。

约翰·哈蒂（John Hattie）是一位教育研究者，他对究竟哪些教学方法对教育孩子更有效果这一话题很感兴趣。我们将在后文对他具有开创性的研究和著作《可见的教学》（*Visible Teaching*）进行更深入的探讨。现在，我们来了解他单纯地基于循证教学所提出的教育理论。前文阐述了在教学中被广泛使用的 5 种教学方法，但是这些教学方法所依托的不同教学技巧的效果如何，哈蒂很想量化它们，以便找出最有效的教学方法。**哈蒂指出，或许人们会怀疑一些教学方法的正确性，因为教育存在很大的变数。其实，方法是否有效，归根结底取决于老师的教学特性和师生之间的关系。**所以，下面我们将详细阐述优秀老师的基本特征。

哈蒂发现，优秀的老师具备5个主要特征，我们将按照这些特征的影响力的大小进行排序，逐一展开讨论。

1. 激发孩子的学习激情

一个优秀的老师必须喜欢教学，并热爱他的职业。当然，对自己选择的所教授的学科感兴趣更好，这种情况下产生的激情往往更有感染力，但最重要的是他对于帮助孩子学习特别有激情。对自己所教授的学科感兴趣的人，如果他不知道该如何教，才能更有效地把知识传授给孩子，并激发孩子对学习知识的好奇心的话，依旧可能是一个糟糕的老师。

为什么激情如此重要？想想你小时候最喜欢的老师，他们或许都具备这个特质。尽管他们都很有趣，精力充沛，但对你影响最大的是那些老师帮助你树立了最佳的学习态度，这很重要。孩子不仅学习到老师所教授的知识，还应该学习以什么样的心态来对待学习，以及如何思考和运用这些知识。**孩子从老师这里学到的应该不仅仅是如何学习一门课程，还有如何面对“学习”这件事。**

所以，作为一名老师，如果你的教学过程平淡无奇，没有吸引力，孩子就会毫不迟疑地得出学习枯燥且无趣的结论。如果你给孩子说学习是件苦差事，过程很艰难，且需要付出很多努力，那么他们就会这样认为。如果你在没有任何动力的情况下埋头苦教，那又怎么能期望孩子找到学习的真正动力？激情很重要，是因为它可以帮孩子塑造一个积极健康的学习态度，孩子会有意识或无意识地接受你对教育和学习的理念。例如，对于失败，你和孩子是如何看待的？孩子做错了某道数学题，如果你随后做出的回应是嘲笑他，就会让他觉得自己很愚蠢，责怪自己竟连这类题也弄不明白。你的回应不但没有告诉他错在哪里，没有引导他找到正确答案，反而在强调他犯了错，忽略了犯错本是孩子在这个阶段的正常情况以及每个人都会犯错的事实。

你传递给孩子的信息是：他们很笨，数学很难。要么是他们有问题，要么是课程太难，让人沮丧，或许根本就不值得去尝试。你成功地教会了他们回避学习过程中一个至关重要的方面：失败。当你再让孩子做类似的数学问题时，他们或许已经有了心理负担，不想去尝试，直接选择回避或放弃，因为他们不想失败。如果犯错误是不被接受的，那么他们可能干脆放弃去尝试。正是因为这个原因，很多孩子很坚决地说："我不擅长数学！"

相反，一位充满激情的老师，不是那种只会带孩子玩游戏或让他们很兴奋的"好玩"的老师，而是**能与孩子打成一片，用真正的激情和对知识的好奇心，引领孩子去学习的老师**。当孩子做错了某道数学题时，这位老师绝不会把它说成是失败。相反，他树立了一种坦然接受错误和保持好奇心的态度，这种态度对孩子进行自我纠正和提升自己的洞察力很有帮助。老师可能会说："我们可能在某个地方出错了，咱们试着来找出那个出错的地方。看一下你写的第二行，你能说一下你写这些内容时是怎么想的吗？咱们一起来看一下。”

这时，老师正在传递一些微妙却积极有力的信息，即孩子、他们的学习以及学习的过程是非常重要的，而且老师对此特别关心，非常乐意帮助他们。老师正在传递给他们的信息是：作为一名初学者，在学习过程中犯错误是正常的，不应该因为犯错误而不开心。只要老师不放弃孩子，孩子就不会放弃自己。

当老师对教学过程和孩子的学习充满激情时，孩子会将这种激情内化，并始终对自己抱有信心。最终，激情由老师传递给孩子，孩子则会自发地享受学习的过程。这难道不是一件很美妙的事情吗？

2. 采用灵活的教学方法

没有哪一种教学方法一定是最好的。优秀的老师会密切观察这些教学方法对孩子产生的影响，并相应地进行调整。优秀的老师应该能够对下面几点进行调整：

- 使用的教学方法
- 使用某种教学方法的频率
- 教学所使用的素材
- 给予反馈的方式
- 学习的总体目标
- 沟通的方式和态度

你若想要成长为一名优秀的老师，就必须明白，为了达成让孩子学习这个目标，即使你可能会对教学技巧有不同的选择、偏爱或期望，但是孩子的学习始终都是最重要的。你要么就是在帮助他们学习，要么就是在妨碍他们学习。这意味着，**如果不能真正地帮助孩子学习，你或许必须放弃一个自己偏爱的教学理论或最钟爱的教学技巧。**

做到这一点的关键是要善于观察孩子，并随时注意孩子的学习进展以及他们的学习情况。有时候，你如果在某个课程规划上投入得太多，就会不停地向前冲，却忘记观察孩子对知识的接受程度，等到发现时往往已经太晚了。你要定期停下来，与孩子进行交流，把自己设定的目标和他们的学习进度作比对。如果进展得不尽如人意，也要坦然面对，试着去做一些微小的调整，然后再次查看学习效果。必要的时候，应反复这样做。

对于自己的信仰、习惯、预期或偏见不要太执着，而要灵活以对。有的老师已经工作了几十年，在这几十年的时间里，一直沿用着从业第一年所使用的老的教学方法。事实上，这类老师从来没有学习过任何新的东西！

作为一名老师，无论你的教学经验多么丰富，当面前坐着一位情况复杂而特别的孩子时，你永远都是个新手。正如你教给孩子要批判性地思考问题、学会举一反三、聪明地解决问题一样，你应该把每一堂课都当成一个学习新事物、加深理解知识的机会。要不断问自己：现在孩子的学习需求是什么？该怎样做，才能为孩子提供一个较好的课程学习机会？

或许你留意到，有些孩子善于交际、善解人意，喜欢讨论而不是安静地解答习题。由此，你可以巧妙地从构建式教学法转向更具合作性的协作式教学法，让孩子参与更多的小组合作与学习反思。

如果你注意到孩子的精力和课堂表现一般在上课后 20 分钟左右就开始下降，那么，你可以用几节时间较短的课来取代一节时间较长的课。当你发现孩子感到无聊和心烦意乱时，你可以把课程的节奏加快，或者给他们增加一些新鲜感，来激发他们的学习兴趣。但如果发现进度加快后他们难以承受，对所讲的内容产生疑惑，你就需要再放慢速度，确保他们真的听明白，或者就干脆休息一下。

在前面提到的这些情况当中，**有价值的并非课程本身，而是你给孩子的回应**。试着把课程想象成一次谈话，而非一次演讲。去倾听孩子，教给他们一些知识，但在进入下一个学习阶段之前，仔细观察他们对所学内容的反应。把孩子要完成的总体目标放在心里，这样你就有了衡量教学情况的准绳。记住，你追求的是循证教学法，孩子是否能完成学习目标是你衡量自己教学效果的核心标准。

最后，尽一切可能去收集孩子对你的课堂教学的意见和建议。他们可以直接告诉你哪些教学方法有用、哪些没用，什么教学方法有助于他们理解、什么阻碍了他们理解。在这个过程中，你也赋予了孩子参与学习的主动权，而不是让他们简单地听从你的讲解。

3. 勾勒清晰的学习路径

要想知道为什么勾勒清晰的学习路径如此重要，你只须设身处地地从孩子视角思考一下，或者试着回忆自己作为初学者在学习中第一次遇到困难时的感受就能明白。孩子对于超出自己知识范畴的东西通常处于一种无知的状态，也可能他们对自己要学的东西的认知有些模糊。总之，他确实不理解那些知识！而学习的过程就是从无知到理解，从困惑到清晰。

孩子学习新知识的过程就好像旅行者穿越一个未知的地带。作为老师，你已经走过那片土地，也熟悉那里的路线。你需要为孩子提供一张地图，协助他们到达要去的地方。如果你的地图杂乱无序，令人迷惑，甚至地图中的路线是错误的，那你就完全帮不了他们。因此，**路径清晰的一个最重要的指标，是能够将信息分解为最基本、最容易理解的单元，切忌假设孩子什么都知道。**

学习路径清晰不仅意味着你的教学风格简单易懂，还意味着你的教学内容有条理、有侧重，可以让孩子的学习过程尽可能地便捷、简单。学习路径清晰还意味着你具备良好的沟通能力，能够将孩子的注意力集中在最关键的地方。你的每节课都有一个清晰的目标，并为孩子如何实现这一目标制订了清晰的课程计划。就好像你将一张有关这一领域的地图交给了孩子，而从 A 点到 B 点的路线清晰可见。

如果连老师都不知道自己在教些什么，孩子就会感到茫然且不自信。一些益智类游戏比大部分传统学习方式更吸引孩子的原因之一，就在于益智游戏的游戏规则很清晰。孩子清楚地知道他们所采取的那些行动对游戏结果会产生什么样的影响。没有猜测，没有模棱两可。如果现在 X 可以导致 Y，他们就会确信以后 X 还会导致 Y。

游戏提供的反馈是即时的，玩一局游戏所用的时间往往与他们玩的频率成正比。在结果不明确或结果与预想的不一致，甚至不知道自己是否走对了路的情况下努力学习，没什么比这更让人泄气的了。作为一名老师，如果你在教学时和教学过程中始终思路清晰明确，那么孩子随时都能准确地知道这个课程进行到了哪个部分。他们对“游戏规则”很清楚，即便有些问题不懂，他们依然相信理解这些问题是有章可循的，而且他们相信你知道这些规则如何发挥作用。

在后面的章节中，我们会对如何勾勒清晰的学习路径和老师的即时反馈的力量进行更深入的探讨，而现在你只需要知道“清晰”即专注就可以了。在开始给孩子授课之前，老师需要让孩子知道：

- 他们在学习什么以及为什么学习
- 你将使用的学习方法以及他们学习的具体步骤
- 哪些是他们应该学习的，哪些不是，以及如何将这门课程应用到更广泛的领域
- 如果教学过程没有按计划推进，你该怎么办
- 你将如何评估学习效果，即如何判断孩子的学习已经取得成效

即使你从未与孩子明确讨论过这些问题，也要相信，他们日后自己会得出这些问题的答案。

4. 建立和谐的师生关系

任何一个曾经是学生的人对提到这一点都不会感到惊讶，因为能够让你成为一名优秀老师的关键是你首先是一个好人！哈蒂的《可见的教学》本质上是一本庞大的教育研究成果的汇编，该书认为，积极的师生关系对孩子成绩的影响远远大于老师的课堂讲授、老师的学科知识、课程本身或老师所使用教学方法等因素。教学方法确实重要，但老师自身的人际交往能力似乎更重要。这一见解非常令人震惊：**如果真的想成为一名更好的老师，你需要把重点放在人际交往技巧、沟通能力以及与孩子的关系上。**

其实，人际交往技巧并不是什么高深莫测的学问。同理心、适应能力和合作能力等个人特征在课堂上是显而易见的优秀品质。当你能够营造出一种相互尊重、充满好奇以及友善的学习氛围时，孩子会感到很快乐，也会更有学习的动力，会尽自己最大的能力去学习。他们觉得自己受到老师的喜爱和欣赏，甚至想通过更加努力的学习给老师留下更深刻的印象。他们仰慕老师，并认为应与老师一起完成整个学习过程，而并非显示自己的判断能力已经超越了老师。

精心培养积极的人际关系不仅仅是你在课堂上要做的事情，因为孩子的学习更多地会发生在课堂之外。作为一名老师，你有责任帮助孩子在课堂内外都能够乐于学习。在午餐时间或放学之后要让自己空闲下来，以便孩子可以找你咨询一些问题。如果可能的话，除了讲授所教的科目，还可以参与一些其他的活动，这样孩子就有机会以不同的身份与你互动，这将使他们与你在一起时感觉更放松。

你可以在学校组建一支运动队伍。这也是有助于培养你和孩子之间的积极关系，它对你和孩子双方均有益处。

固定型思维模式是将世界和人视为永久不变的，也就是说，真正意义上的改变是不可能实现的。当老师有固定思维模式时，他们不关注孩子的学习和成长的变化，而把注意力集中在孩子固有的、不可改变的特征上，给孩子贴上“问题学生”的标签，这个标签会伴随孩子很多年。

成长型思维模式认为世界是可变的，人类的能力是不断提升和不断进步的。是的，天生的特质很重要，但你也可以通过努力来完成设定的目标，因为你昨天做了一件事，并不意味着你今天就无法完成另一件事。

优秀的老师不会对孩子期望很低或存在个人偏见，因为你知道这些往往会预示着一种自我应验。你关注的不是自我，而是成绩和成长。你从不对孩子说“你错了，你是个失败者”，而是说“这个答案不对”——只有后者才能给孩子的学习带来安全感。

老师需要成长型思维模式，正是这种思维模式，才与学习这种显而易见的成长方式最契合。老师还须具有较强的适应能力、自信心、幽默感、良好的边界感、倾听的能力、谦逊的品质以及对孩子的真挚情感。老师一直都在与人交流，不管你是否意识到了这一点，你不仅是在教孩子需要学习的课程，也在教他们关于自己是谁、如何看待自己、如何学习、如何应对挑战和逆境、如何设定目标、如何承担责任，以及如何对待自己的优劣势等问题。**通过沟通技巧获得高质量的反馈是引导孩子学习的不错的方法。**

与孩子建立良好的师生关系，没有捷径可走。这一过程需要时间，而且态度必须真诚。即使你发现自己与他们几乎没有什么共同之处，你仍然需要找到时机展现你的尊重与友善，仍然需要努力展现出对他们的兴趣，和他们一起学习，听他们倾诉。师生关系作为人际关系的一种，同样取决于相互的理解和良好的沟通。

作为一名老师，你的角色更可以被理解为教练，在教学的过程中，你和孩子一起努力，帮助他们实现目标。记住，最重要的是，每个孩子都是有恐惧和希望、优势和不足、过去和未来的个体。把他们当作成人，与他们真诚地交流，你可能会发现自己不必参考书中的教学方法，就已经是一名优秀的老师了。

5. 追求务实的教学技巧

一名优秀的老师的第 5 个特征是务实，或者换句话说，就是你在教学中只使用那些基于证据的教学策略。这与哈蒂的观点是一致的，即如果想成为一名优秀的老师，你需要诚实并保持高要求，只使用那些你可以确保对孩子的学习产生可量化的进步、有积极影响的方法。这需要提到一些已经列出的特征——清楚地知道你正在做什么，保持教学方法的灵活性，以及始终保有激情。

很多老师更愿意坚持自己的认知或者固守一种教学方法，因为他们认为那种教学方法会起作用，或者只要偶尔起作用就足够了，从不关注它是否真的有益于孩子的学习。因此，想要成为一名优秀的老师，你需要严格要求自己，定期评估你的教学对孩子产生的实际影响。孩子去学校学习，希望在学习的过程中有所收获，所以，作为一名老师，不能固守一种教学方法。

务实的另一个方面是能够将你的决定，特别是关于考试的决定，有效地传达给孩子。有一些老师会根据自己的奇怪想法做任何他们想做的事。比如，他们在评分时会无缘无故地严苛，采用适得其反的教学方法，或者在课堂讨论中拒绝接受某些观点，只是因为他们以前从未接触过这些观点。然而，这样做会降低老师在孩子心中的可信度，也会降低孩子向老师学习的意愿。正如斯蒂芬·布鲁克菲尔德（Stephen Brookfield）所指出的，可信度是决定老师工作效率的主要因素之一。如果你不务实，不花时间与孩子有效沟通，你就有可能成为自己早年鄙视的糟糕的老师。

自我反省是教学的一部分。当涉及自己的教学内容时，尝试着谦逊一些，这样就可以真诚地看待自己做得好的地方以及需要改进的地方。这正是成长型思维模式和灵活教学的核心所在。当你真的答错了某个问题时，试着向孩子承认事实，或者承认自己犯了错误。如果你能说“我认为你是对的，我错了”，那么你不仅向孩子展示了如何保持尊严，也给了自己进步的机会。这不正是你想要传达给孩子的学习精神吗？

务实也意味着要勇于尝试新的教学技巧，老师需要有持续改进教学方法的意识。一些孩子梦想长大后去当老师，因为他们非常喜欢做“老大”和维持一贯正确的感觉，还能挥舞红笔和制定规则等。即使对于成年人来说，想象自己处于这样一个强势的位置，掌控一切，并且在不正确的时候很少被他人质疑，这种状态也是很有吸引力的。这样的老师往往在完成教师培训之后，就认为自己从此以后永远都是教育专家了，是最懂教育的人。

事实是，那些以绝对正确和权力为目标的老师往往教学效率最低，因为他们不敢挑战自己长期持有的偏见或坏习惯。这些偏见或坏习惯被融入了他们的个性和教学风格中，他们从未进行自我提升或改进。然而，**优秀的老师总是愿意做一名学生，不管他们已经学到了多少，他们知道可以学到更多。**他们不畏惧承认自己的不足，或者在哪些方面可能表现得有点自满或懒惰。

一名优秀的老师阅读广泛，并愿意接受正式的和非正式的定期培训，以提高自己的教学水平。他们寻求并认真研究与自己在教学上所持的不同的观点，而不会认为自己什么都知道。他们向其他老师寻求帮助，并欢迎孩子针对自己的教学等发表评论和反馈，这需要很大的勇气和自信！他们与他人合作，而非独来独往，因为他们相信其他老师可以帮助他们提升自己，并教给自己一些新的东西。

再回想一下你在学生时期最喜欢的老师，你知道他们是如何体现这些特点的吗？作为老师，你努力影响孩子的内心世界。但你做到这一点的最好方法是先认真反思自己的思维模式，并确保以正确的态度对待孩子和课程学习。如果老师的思维模式这么重要，是否意味着教学规则就没用了呢？当然不是。当教学规则与最佳的思维模式相结合时，教学就会出奇地有效。

画重点

HOW TO TEACH KIDS ANYTHING

- 循证教学的重点是基于那些会对孩子的学习产生最大的益处的教学方法。
- 约翰·哈蒂发现，优秀老师有 5 个主要特征。
- 到目前为止，老师在学习以及课程教学中所展现的真正的热情当中，激发孩子的学习热情是最重要的，也是最有必要的。
- 灵活性也很重要，因为它使老师根据那些特别的孩子及其不断变化的需求调整教学方案。一名优秀的老师善于观察课程学习的效果，并愿意为了提升孩子的学习去改变教学进度，教学方法、规则、风格及反馈方式。
- 清晰的学习路径是指老师能够为孩子勾勒和传达清晰、合乎逻辑的学习路径，并与孩子进行交流，以便孩子始终知道自己在学习什么、为什么学，以及如何学习。清晰的反馈和期望可以让孩子在学习的道路上拥有安全感和自信。
- 和谐的师生关系至关重要。老师需要与孩子建立真诚的人际关系，并表达对孩子的认同和理解。就像其他人际交往一样，师生关系需要建立在相互尊重、相互信任和良好沟通的基础上。

- 优秀的老师是务实的，他们使用基于循证的教学策略。当旧的教学策略不适用时，他们愿意根据情况做出调整，去尝试运用新的教学策略。他们始终坚持高标准要求自己。
- 一名优秀的老师不会永远停留在他们已有的教学成绩上，而是会不断学习，不断改进教学方法，并与其他老师一起努力，以使自己的教学能力得以不断提高。

HOW TO TEACH KIDS ANYTHING

第 3 章

恰到好处的4个教学原则

在前两章中，我们阐述了老师可以广泛采取的教学方法，以及优秀的老师通常具备的基本特征。在某种程度上，你现在已经具备了教学的基本条件。在本章中，我们将讲述如何运用这些基本条件去创建复杂的教学模式，以及如何使用这些教学知识去描绘美妙的教育蓝图。

1. 金发姑娘原则

金发姑娘尝了尝熊爸爸的粥，觉得它太烫了；她又尝了尝熊妈妈的粥，觉得它太凉了；直到她尝了熊宝宝的粥时，才觉得温度刚刚好。

金发姑娘所体验到的这个刚刚好的“区域”，正是孩子学习的最佳点——不是太难，也不是太容易，一切恰到好处。

主流学校教育的困扰在于，一个班级里的 30 多个孩子对“恰到好处”的定义不可能完全一样。有些孩子会认为某项练习简单得让人觉得无聊，而有些孩子却认为该练习太难让人感到沮丧，只有少数孩子可能找对了刚刚好的“区域”。当题目难度较大时，有些孩子可能会经历痛苦和困惑的学习过程，他们常常无法完成任务，因此认为自己很笨；当题目过于简单时，有些孩子会认为学习是一件枯燥无聊、像拔牙一样令人躁动不安的事，因此感到压抑、无趣，而且经常走神儿。理想的情况是，孩子正好处于这两个极端的情况之间，即学习的难度“刚刚好”。

请留意一下，当孩子对于某个问题无法理解的时候，他们会做何反应？是突然好奇心被激发，一下子干劲儿十足，充满动力，急不可待地冲破重重阻力，去寻找答案，解开谜题；还是正好相反，认为这又会是一次糟糕的体验，因此感到尴尬、自我怀疑、羞愧，或者极度焦虑？跟老师一样，孩子们在面对学习这件事时，也会遇到一些特别的门槛儿，而应对挑战的思考方式也不尽相同。

老师的工作之一就是无论学习以什么样的面目出现，都要鼓励孩子由内而外、满怀热诚地去拥抱它。这意味着你要了解孩子对学习的感受，**需要把课程的难易程度调整到既让孩子觉得不是很容易，也不是特别难，让他们感到“刚刚好”。**因此，你首先需要了解他们对难度和满意的定义是什么。

判断课程的难易程度的标准是什么呢？威尔逊（Wilson）和同事于2019年在《自然－通讯》（*Nature Communications*）杂志上发表的研究成果表明，这个标准就是神奇的数字85%，即当人们在完成一个练习，且正确率达到85%左右的时候，是学习的最佳状态，此时人们能将自身的能力发挥到最大，而不会让自己陷入困惑之中甚至到被打败的地步。

在教学中，你安排孩子做一套习题，如果大多数人得了 100 分，这就意味着练习题太容易了，可能会让他们感到无趣，因此不再关注它。此时，你需要提高难度再测试一次。如果把难度提高之后他们只能得 30 分，表明难度增加幅度太大，需要重新调整，直到准确率达到 85% 左右时，说明难易程度刚刚好。

金发姑娘原则的另一个版本被称为耶克斯－多德森定律（Yerkes-Dodson Law），它描述了动机和效率之间的非线性关系。该理论由罗伯特·耶克斯（Robert Yerkes）和约翰·多德森（John Dodson）于 1908 年提出，他们通过对老鼠进行的实验得出结论：**增加压力和动机水平可以提高工作效率，但只能实现一定程度上的提高。**

这里的动机可以是认知刺激、兴奋，有时压力也算其一。

最初，随着动机的增加，效率也会提高。例如，你的老板不断把更多的任务交给你，因此你不断努力以完成任务。一段时间之后，若你的能力达到了顶峰，甚至所给任务超过了你的能力峰值，你的工作效率就会开始下降。

从这一点上说，动机的增加实际上导致了工作效率的降低。因此，如果你的老板在你的能力达到顶峰后继续下达任务，你大概就会开始出现犯错误等负面状况了。

通常，当工作比较简单时，需要较长的时间才能达到能力的峰值，而当工作难度比较大时，则会很快达到能力的峰值。重要的是，无论工作内容是什么，我们对工作是否熟练，都有一个确定的峰值，在这个峰值上，我们的工作效率最高。低于此峰值，任务极易完成；高于此峰值，任务很难完成。而金发姑娘的那个刚刚好的区域，就是我们最好的工作状态。

那么，如何运用这个原则来帮助孩子呢？这就要说到优秀老师应该具备的 5 个特征了。要明白，没有孩子是完全一样的，必须从孩子的视角去理解他们的感受，也就是说，老师单从某一个练习、某一项任务或题目本身，并不能准确判断它们的难易程度，孩子实际体验后的反馈更有参考价值。

请老师谨记 85% 的原则，花时间认真观察孩子，并在工作中对教学情况进行适时调整，这样才能照顾到孩子的感受。要观察孩子是否处于能力的峰值，也要注意他们的情绪状态。他们是否表现出垂头丧气、疑惑或缺乏自信？是困惑，还是只是无聊？有时，即使孩子正确地回答了所有的问题，也仍然会感到压力和不开心。在这种情况下，就需要降低一点试题的难度，即使他们已经达到了相应的认知水平，还是要让他们能从情绪上肯定自己。

老师还要在孩子们对学习进行反思时，关注他们的精神状态、动机和情绪，关注他们犯的错误的轻重程度，如果程度趋于减轻则是好迹象。如果孩子仅仅是因为忙乱、粗心或时间紧而犯错误，就无须太过在意。在必要的时候尽量减少孩子的认知负荷，特别是在教授复杂的概念时，应提取出关键知识点，并围绕它们展开教学。对于那些积极性不高的孩子，可以只围绕知识点进行学习，而对于那些学习积极性较高的孩子，可以适当加大学习广度和深度。个人判断力会随着能力的提升而不断得到提高，让孩子循序渐进地提升他们的自信和技能。

遵循 85% 规则并不意味着放弃用成绩来挑战孩子。注意不要频繁地问孩子过难的问题即可，适当穿插他们可以解决的问题以保持他们的自信心和参与度。不断进步的感觉与肯定自己的安全抓手同样重要。

在尝试运用金发姑娘原则时，可能会遇到一个特别棘手的挑战，那就是如何对待有特殊需要的孩子。在教这些孩子时，最重要的是不要让他们觉得自己的学习能力不如其他孩子，也就是说，可以运用一些特殊的方法来教他们，但无须将他们从群体中分离出来。因此，**当对孩子进行测验时，请设计多种测验方式，以应对不同的孩子，让他们选择自己喜欢的方式进行测验。**你也可以在课外给予这些有特殊需求的孩子一些额外的关注，通过提供额外的资源和使用上面讲述的教学方法帮助他们学习。毫无疑问，你的这些额外付出会让孩子感到自己被关照，并在以后彻底改变他们的学习方法。

2. 海克分类法

在上一节中，我们谈到了增加或降低学习任务的难度，这似乎是小事一桩，因为对于一些科目来说，这是很容易做到的。例如，较长的单词通常比较短的单词更难拼写，因此判定拼写的难易等级可以按照单词从短到长进行划分。但区分所选择课题的难易度并不是那么简单，很难说一个课题比另一个课题更难。

在教学中一个很重要的问题是：你如何知道孩子是不是已经真的明白所学的知识呢？如果知道孩子已经掌握了所学的知识，就可以进行下一步的学习——但是你如何判断他们是真的明白了呢？

孩子或许可以给你他们认为你想听到的答案，问题在于，这些答案并不一定是他们理解以后的真实和自发的反映。更糟糕的是，有时孩子甚至不知道自己并没有掌握所学的内容，因此他们根本无法清楚地表达自己对相关问题的理解。孩子的大脑就像一个黑匣子，你虽然无法看到里面有什么，但必须根据他们与自己分享和交流的内容推断里面有什么。

海克分类法可以帮助你快速评估孩子是否已经理解所学知识，在运用该分类法进行教学活动时，你必须遵循以下 3 个主要原则：

- 知道孩子们需要理解什么（目标和标准）
- 知道当下他们学到了什么（评估）
- 让他们从现在的位置到达目标位置的方法（教学策略）

海克分类法是一个复杂性逐步增加的独立的任务列表。如果孩子能完成这一任务列表，就证明他们理解了所学的内容。也就是说，孩子的大脑不再是一个黑匣子，你可以通过让他们完成任务列表，以判断他们是否掌握了所学的内容。即使没有掌握，也可以了解他们理解的具体程度，因为列表的每个层次的理解都取决于上一个层次。运用此分类法，你无须花费太多精力，就可以根据孩子的理解程度快速调整课程难度。这样，当正式的评估或测验结果显示你完全了解孩子的理解程度时，教和学就同步了。

在海克分类法中，有 6 个认知领域需要掌握。我们来给每个领域都举一个例子，以展示在课堂上如何运用它们。

领域 1：部分。在最基本的层面上，如果孩子能够识别和认清构成他们所学课程的不同组成部分，你就可以认定为他们理解了。试着让孩子做以下其中一项：

- 用自己的话简要描述课题
- 给主要部分和次要部分贴标签

- 确定最重要的和最不重要的内容
- 将观点或每一项拆分，查看其基本要素
- 找出各项原则给出的范例，并将不符合的例子挑选出来
- 将课程内容放在一个更宽泛的类别中，或将其分解为多个小主题

假设你正在教授孩子有关呼吸系统的知识。在你还不确定他们对肺功能等概念是否已经理解之前，你可以在最基本的层面上去评估他们对这部分的理解程度。你可以要求他们对肺部示意图进行标注，识别其中不同的结构和特征，并识别对肺部的主要功能起作用的是哪些部位。可以让孩子观察不同的气道，并根据诸如大小或它们所连接的器官等，来对这些气道进行分类。

当你介绍了呼吸系统的大致情况后，你可以暂停一下，让孩子自己讲述一下你刚才所讲的内容。你可以解释心脏与肺部连接的基本原理，以及肺的主要用途，然后让孩子画出肺部草图，以证明他们已经理解

了。你也可以要求孩子将肺部与身体的其他系统（如消化系统或循环系统）结合，一起进行分类练习，或者要求他们想象一个打开的肺部结构，然后画出肺部的一个放大的细节展示图，或剥离表层以“解剖”肺部，来揭示肺部的内部结构。

领域 2：整体。当你完成上述步骤时，孩子自然就会达到下一个需要理解的层级，即明白所有单独的元素是如何组合在一起的，以及它们如何形成更大的整体。试着让孩子做以下其中一项：

- 从细节和“大局”的角度解释概念
- 将该概念的观点或图像放入更广泛的背景中
- 解释这个观点在现实和想象中的不同用途
- 将观点运用到不同场景以获得对整个概念更深入的了解
- 将观点作为工具，在其他概念中以部分或整体的模式加以应用
- 对观点进行更改和提升

一旦孩子理解了构成整体的各个部分，他们就能够从整体视角去理解问题。

你可以给孩子做一些练习，要求他们放大和缩小肺部的解剖结构，或者不只把这些局部看作一个个独立的局部，还把它们看作呼吸过程中的一些步骤。你可以要求他们填写一个包含“结构”和“功能”的表格，然后通过询问他们如果肺部结构发生变化会产生什么后果，以测验他们对肺部相关知识点的理解。

这一步是为了测验孩子对同一知识点是否比在上一领域理解得更详尽、更透彻。你可以通过前面讲述的教学方法来实现这一点，并可以在锻炼或休息时向孩子提问或整合有关肺部和呼吸的概念。

如果孩子已经意识到肺部的内部结构比外表面重要，那么可以问问孩子其中的原因，以及肺部外表面在身体中起什么作用。可以让孩子想象某些创伤或疾病是如何损害肺功能的，他们的回答能够告诉你他们是否能够理解肺作为一个整体所起的作用。通过引入不可预见的可变因素来提高孩子对概念的理解，这些可变因素可以检验他们刚刚学到的知识，并迫使他们开拓思维来解释这些变量。这样做能够确保孩子真正理解整体概念，因为他们很难做到假装理解。

领域 3：互联性。当孩子能够理解他们所学习的课题与其他许多课题的内在关联时，他们的理解水平会更高。而你又如何判断他们是否达到了高理解水平呢？试着让孩子做以下其中一项：

- 将自己的观点与其他类似或完全不同的观点联系起来
- 将自己的观点与其他观点进行比较和对比
- 尝试着将自己的观点传授给他人
- 在初学者和专家两个层面上对这个观点进行解释
- 解释那些错误认知或错误理解的共同点

例如，你在给孩子讲世界史时，为了测试他们是否能跟上进度，可以定期要求他们写文章，对某个历史时期各个国家的政治制度和经济发展进行比较。

如果他们能够讲解清楚某个国家政治制度的关键特征，并把它和其他国家的政治制度区分开来，那么可以肯定他们已经理解了所学的内容。你还可以要求他们对同类型的政治制度进行比较，或对不同类型的政治制度进行比较，以便他们了解不同国家政治制度的细微差别。由此，可以确保他们能够对类似的或不同的制度进行比较。

你还可以要求孩子像上课一样做一个展示或演讲，向你“传授”知识。要求他们不仅根据自己的理解进行讲解，还必须能向初学者解释这些概念。完成这一要求的最简单的方法是安排一场小组活动，这样他们不仅可以向老师展示，还可以教其他同学。可以让一个已经完全理解了概念的孩子与一个还没有弄清楚概念的孩子结成一对。由于孩子更了解彼此的需要，这比简单地让他们向你这位“专家”传授概念要更有成效。这一理念就是，如果孩子无法用最浅显的语言向一个完全不懂的人解释清楚一个概念，那么他们就没有真正理解这一概念。

领域 4：功能。这个认知领域可以测试出孩子在实践中掌握概念的能力。试着让孩子做以下几个方面的测试：

- 在熟悉和不熟悉的情境中应用学到的概念
- 用类比法描述其功能
- 描述它的最佳功能以及如何才能获得这一功能
- 用意想不到的、独具创造性的方法来运用这些概念
- 分析何时运用这些概念，以及为什么运用它
- 对该概念有可能可以创造的新事物等加以思考，并对该创新事物的理论依据进行分析

没有任何一个观点、概念或理论是完全不变的。当孩子不仅能看到事物的整体、部分以及它们之间的联系，还能看到它们在更广泛的情境中如何发挥作用，以及这对他们意味着什么时，他们就能获得更为深刻的理解。比如当代中国实施的社会经济制度，请孩子思考是否可以在其他国家或不同历史时期推行同样的制度，并让他们说明原因。

你可以让他们思考一下，为什么这种经济制度会首先发展起来？他们能否想象这种制度无论是在社会层面还是在政治层面，会对民众产生什么作用？孩子的答案会让我们看到许多东西，如果他们无法把握这一概念，或者无法在大脑中转换这一概念，那么他们就还没有达到应有的理解水平。

领域 5：抽象。需要注意的一点是，并不是所有的孩子，也不是所有的科目，都需要达到最高的理解水平。可以根据学习目标、孩子的能力水平及个性、你在授课中所处的阶段，将问题的难度定位在某一水平，但难度不必太大。这时，你对所传授知识的理解程度可以派上用场，如果你自己没有完全理解，你就无法正确地评估和提高孩子的理解水平！要评估孩子对问题的更为抽象的见解如何，试着让孩子做以下测试，看他们能否做到：

- 区分问题的细微差别
- 对问题进行批判性思考并仔细分析
- 进行辩论，并会考虑与自己不同的观点
- 从客观性和主观性、事实和个人看法的角度进行分析
- 从风格、趣味、意义等方面进行分析
- 组织对问题进行补充或拓展的相关活动，如一场辩论或提高难度继续学习

能够做到以上几个方面的孩子不仅能够掌握某一概念及其功能的表层含义，还能够掌握其背后的深层意义，以及意义的构建方式。如果你与孩子一起阅读一部历史小说，你可以要求他们在描述简单的故事梗概之外，告诉你他们对主题、情节、风格等的看法，

以此来测试他们对该历史小说理解的深度。

你还可以询问他们：喜欢这本书吗？能阐述自己的观点并令人信服吗？如何改编这个故事，或者能想象如何用更加曲折的情节写下这个故事吗？或许你可以要求孩子从作者的视角出发，批判性地思考作者创作的意图。可以要求孩子将作者定位在他们当时创作这个故事的社会历史背景中进行分析，也可以让他们尝试分析在当代观念中小说的故事进展又会是怎样的。那些对这种问题很迷茫的孩子，或者那些只能默认现有的具体解释的孩子，应该还没有达到所要求的认知水平。

领域 6：自我。对于大多数课程来说，领域 5 已经够用，这是一般孩子在高中或大学学习中最常达到的水平。回顾反思教学法，你可以进一步提升孩子对抽象原理和理论知识的理解，并要求他们考虑自己是如何学习的。看看孩子是否能够做到：

- 为将来的学习制订自己的学习计划

- 主动提出问题
- 批判性地评价自己的学习过程
- 将学到的知识应用到一系列场景中，甚至能主动去做
- 正确认识自己在学习中的差距，并制订弥补计划
- 评估自我认知，自觉反思自己的理解程度

在这个层面，“孩子成为老师”的经典时刻得以实现，孩子开始清晰地认识自己和自己的学习。这种认识自然而然地使孩子为自己做出积极的选择，而且你会发现，可能无须你提出要求，他们就会自然而然地展示出这种对概念的反思性的认识水平。相反，他们会要求你，或者他们自己会有意识地将学习推向一个新的高度，或者根据你所提供的分析，为自己做一个类似的自我分析。

在学习过程中，自我反思和认知的阶段对孩子和老师都是非常有益的。老师可以评估孩子的学习方式，找出他们在课程学习中存在的差距。当教授另一

批孩子时，老师就可以在教学中运用这些经验。尽管每个人的学习方式不同，但当一个孩子达到前面的学习程度时，就可以反过来帮助你在很大程度上对教学进行优化。对于孩子来说，**要求他们制订计划来自己教授你已经讲过的课程，并制订未来的学习计划，就会暴露出他们的学习弱点在哪里。**另外，也许他们能够理解所学的知识，但不能够将其应用于复杂的情境中，这样做可以让他们关注自己在学习中暴露出的弱点，也可以帮助你改善自己授课过程中的不足。

3. 清晰的交流与传播

若你已经通过上述评判标准和一些有针对性的问题判定出了孩子的理解水平，但你发现，尽管自己尽了最大努力，孩子仍然不知道你在讲些什么。此时该怎么办?

孩子对概念的理解能力取决于他们的经验、能力甚至年龄，但是影响他们理解能力的最大和最相关的因素是你的授课质量。如果你清楚地知道孩子现在处于什么水平，需要达到什么水平，你就可以精心制订授课计划，帮助他们更快地缩短二者间的距离。为了有效地讲解课程中的概念，你首先要自己吃透它们，然后钻研如何将其传授给孩子。

概念就是工具。它们帮助我们解释、分析、定义和识别自己周围世界的具体情况，以便我们能够明白世界究竟是怎么回事。

当理解了某一概念并对相关知识有所了解时，说明我们对该概念有所掌握。因此，教学可以说是交流概念。概念可以是感官的（具体地感知到），也可以是抽象的（由智力、逻辑或理性感知到）。第一步是理解你要解释的概念。练字时，知道如何握笔更像是一个可感知的概念，而明白所写文字与其所指对象之间的关系则是更抽象的概念。

当你准备向孩子解释新概念时，可以尝试下面两个步骤。

步骤 1：陈述和定义。你需要做的第一件事是创建学习的环境和目标，清楚地告诉孩子你要传达的信息。确定讲述的概念是感官的还是抽象的，然后定义你所讲述的内容到底是什么。你的陈述或定义表明了这一事物所属的类别和范畴，告诉了孩子它的特点，这反过来可以帮助你区分和识别你所要讲的内容。例如："拉格泰姆是 19 世纪 90 年代在美国黑人中间兴起的一种流行音乐风格。它可以通过'切分音'节奏中的二四拍或四四拍，以及节奏之间的旋律重音来识别。"这告诉了你什么是拉格泰姆（一种音乐）以及它的独特之处（它的切分节奏和旋律重音）。

在某种程度上，一个明确的定义告诉你一个事物是什么或不是什么。

把第一步想象成你对孩子进行定位，他们仿佛地图上的箭头，标示出"你现在在这里"，把你要解释的内容放在一个环境中并加以描述："今天，我们将学习现在完成时，这是英语中的一种时态，主要用于表示过去的动作或状态持续到现在并且已经完成，对现在造成的影响可能会持续发生下去。”

你在一开始对某个概念的陈述和定义方式就成为孩子学习这一概念的关键。如果它听起来是复杂且困难的，他们就可能会失去学习的积极性，感到灰心丧气；如果他们发现它接受起来很容易，情况就会与之相反。所以，在陈述概念时要确保使用简单、易于理解的语言，并可以使用范例，以便孩子能够将其与具体事物联系起来，或将其与他们已经知道的内容联系起来。

步骤 2：运用范例，细化以及类比。现在你已经说清楚了定义，也给出了学习范围，你可以通过使用孩子已经熟悉的概念来引出要学习的新的概念。这又回到了建构主义教学法的观点，你可以在旧概念的基础上建立新的概念。当你给出一个定义时，这有点像让孩子通过现有的知识及其组成部分理解推断出一个新的概念，但你并没有透露给他们太多内容。为了让这个定义变得生动，你需要以某种方式将它应用到孩子的现实生活中。

接着找到概念的关键属性，并将其与已经学习的概念联系在一起。最简单的方法是类比。例如，拉格泰姆音乐听起来有点像经典西部电影中在酒馆里演奏的老式音乐，或是你在一部早期无声电影的背景音中听到的音乐。它是用钢琴演奏的，但琴音听起来总是有点走调！

之前对拉格泰姆音乐的定义从理论角度来说是正确的，但对于很多人来说，这个概念并不容易掌握，你需要进一步解释。而进行类比会立刻为你的解释增光添彩，让概念易于理解。对于非常具体或能感知的概念，你还可以通过表演来展示这个概念，比如哼唱著名的拉格泰姆曲子《演艺人》(*The Entertainer*)，大多数人就能立刻识别和理解这种音乐风格，比对枯燥的音乐学的理解要快得多。

人类通过了解事物的本质来学习和理解事物，类比和隐喻一直是表达和解释我们所讲内容的有力方式。**构建类比，可以帮助孩子理解事物所属的类别及其特征。**这同时也可以让孩子明白它不是什么、不属于什么类别以及为什么会这样。

“它有点像爵士乐钢琴曲，只是它不是即兴创作的，而且更有规律。它绝对不像古典钢琴曲，因为它更简单，更有节奏，还有切分音。”

阐述你的观点的最好方法之一是举例子——事实上，一个很好的教学技巧就是从举例子开始，然后可以结合例子，提出一些问题，引导孩子去明确它们的特点。或许你可以展示 3 篇文章，并询问他们这 3 篇文章有什么共同之处和不同点。通过让孩子自己比较和对比，他们会对你的讲解有更深刻的理解。

除了举例子，你还可以使用案例分析或情景假设等非示例方法。尤其在不适合举例子的情况下可以考虑。“以下是他们如何使用免疫吸附法来诊断艾滋病毒（HIV）感染的”，或者，“这场特殊的战斗清楚地展示了《孙子兵法》在军事战略上的运用，以及它可能产生的结果”。你可以尝试角色扮演或通过案例分析及提问进行授课，还可以让孩子比较“正确的方法”和“错误的方法”之间的差别，这样他们就会明白为什么某种方法更合适。

在步骤 1 中，你是在说教，也就是说，你只是在简单地指导孩子学习，告诉他们什么是什么。但是在步骤 2 中，你的解释变得生动起来。你努力以孩子能够听得懂和易消化的方式对新的信息进行组合。你要透过他们已有的记忆和过去的经历，帮助他们在这件事和那件事之间建立联系。这不仅能使孩子听得懂，还会让他们产生一种心理上的熟悉感，使新概念看起来不那么陌生和令人生畏。

如果你无法确定哪些类比、隐喻或连接的方法对孩子的学习更有帮助，请尝试下面的方法：

- 想想在过去，当你第一次学习某个概念时，是什么帮助你喊出“啊哈”（对概念顿悟）。
- 想想在过去，是什么让孩子取得了突破。当你把概念放在图形或图表中时，他们总是豁然开朗，那就从这里开始吧。

- 尝试找出某一概念最重要和最明确的特征，然后结合其他具有相同特征的更具象的概念展开讲解。例如，在教授复杂的概念“电流”时，你可以大量引用水流和河流的隐喻，一旦孩子理解了电流，你甚至可以用电流的概念来解释更复杂的概念，比如电磁学。
- 不仅要关注孩子的过往经验和现有的知识水平，还要关注他们的生活背景和看待问题的视角，以及他们的兴趣、信仰、个性。

下面提供一些范例，以说明如何在教学中融入有用的类比：

- 下丘脑就像大脑中的一个总机接线员，而激素就像它向身体其他部位发送的信息，以调节各种情况。
- 在哥特式文学中，拟人是一种叙事技巧，其中所描述的天气与人物的内在情感状态相匹配。例如，用雷电来表示女主人公的痛苦和恐惧。

- 三磷酸腺苷（ATP）就像生物体内的通用能量货币。
- 假如太阳像一个西柚那么大，地球就如同15米以外的一个大头针的针头那么大。
- “卡夫卡式”是一个由作者姓名衍生出的形容词，就像“奥威尔式”一样。
- 多萝西·帕克就像女版的奥斯卡·王尔德。

在讲解中，你需要练习使用举例子、类比和隐喻的方法，需要理解孩子及其需求，需要对自己要讲解的题目有足够深刻的认识。类比使用得越频繁越好，因为这能让孩子从不同角度对同一主题建立认知。如果类比的作用不显著，那并不意味着你或孩子做错了什么。不过，不要坚持用同样的方法重复解释，绕过它，试试别的方法，你会发现，通过不同的方法讲解同一概念，你自己对这个概念也会有更丰富的理解，或许还能发现自己存在的某些错误理解！

4. 逻辑谬误与批判性思维

当你指导孩子对眼前的新内容形成一个更深刻的认识时，也期盼着他们最终不再需要你的帮助，他们可以用同样的方式自己开始这样的学习过程。一名优秀的老师或许可以帮助孩子掌握一个新的主题或概念，但是一位伟大的老师知道如何教会孩子去学习，如此，以后他们就可以轻松地掌握任何一个新的主题。

你的课程可以被看作自行车初学者的辅助轮，但最终孩子必须学会骑两个轮子的自行车，而不再需要你的帮助和支持。作为一名老师，你塑造了一种特定的对待学习（和失败）的态度和方法。但是，你仍然需要一种整体思维方式，以及与之相匹配的课程计划和布置的练习。

对于几乎所有的孩子来说，批判性思维这一思维方式毋庸置疑是至关重要的，其重要性不仅体现在学习上，还体现在日常生活中。当你授课时，一个重要的原则是持续培养他们思考正在做的事情的能力，并对他们的思考内容以及思考质量进行有意识的评估。他们的批判性思维能力越强，就越有能力指导和评估自己的学习。如此，你也就完成了作为一名老师的终极任务。

为了提升自身的批判性思维的能力，你要不断辨别并防范破坏高质量思考的逻辑谬误。为帮助孩子更好地运用批判性思维方式思考问题，你需要警惕他们出现的逻辑谬误，以便帮助他们意识到这些谬误，并找到正确的解决方法。你可以把逻辑谬误与自我反思结合起来，即要求孩子定期审视他们是如何思考的，而不仅仅只是关注他们在想什么。

逻辑谬误有许多种，下面我们只探讨最常见的几种谬误。

（1）人的谬误

这是孩子把论点的来源和论点本身混淆时经常出

现的状况，即他们不是在讨论论点本身，而是把注意力集中在了提出论点的人身上。因此，如果是孩子不认同的人提出的某个观点，即使这个观点是正确的，孩子也会不认同该观点，因为他们或多或少会把观点和提出观点的人等同起来。

当一个帅气的演员谈论政治或时事时，常被人们认为说得有道理，因为人们把他们对这个演员的喜爱错误地转化为“他说的也都是对的”。

人的谬误有时被称为“关联犯罪”，**我们根据一个人所结交的朋友来评判他，而不是根据他本人的情况来评判他。**我们可能会认为，有家庭成员参与犯罪的人必然不太值得信任。一位男性可能会对女权主义提出合理的批评，但他的论点大概率会被驳回，只因为他是男性而非女性。

合乎逻辑和理性的做法是去除成见，通过他们本人、他们的论点和他们选择的行动，并参考他们的道德水平，来客观评论其主张。虽然一些下意识的反应和偏见有时可能是对的，但有意识地从你的认知中消除这种谬误，无疑会提高你思考问题的质量。

那你如何在课堂上阻止这种谬误呢？提升孩子正确思考问题的能力的一个好方法，是利用有针对性的问题去挑战他们的推断。苏格拉底教学法正是一种基于探究的学习形式，是通过提问来指导学习过程的。你可以使用苏格拉底教学法，让孩子放慢思考问题的速度，密切地观察他们的思维方式。

提问题能够运用于我们稍后提到的几种谬误，并且提问的方式有很多种。然而，无论你问什么样的问题，都应该记住，问题是作为方向标、提示或线索而提出的。想想你要让孩子理解什么，然后提出一个问题，把他们的注意力吸引过来。你要提醒孩子避免犯逻辑谬误，尤其在他们进行批判性思考时，即使有时候可能会失败。因为偏见往往根深蒂固，很难改变。因此，老师的“指导”能少则少，应通过提出发人深省的问题，促使孩子主动思考，挑战他们的推论。例如，你的孩子正在阅读一位 17 世纪的僧侣写的文章，他们认为文章中作者对生活的看法无关紧要，因为作者生活的年代久远，对如今的很多事物并不了解。换言之，他们看了文章，得出的结论是文章所提出的论点有缺陷——仅仅是因为某个人提出了那些论点。

你可以试探性地问：“所以你是说当时的人与现在的人有着根本的不同吗？”

你可以归纳性地问：“如果这位僧侣不知道他在说什么，这是不是说你无法对你自己没有经历过的事情发表见解呢？”

你可以开放式地问：“如果你要与生活在数百年后的人们分享你的人生观点，你认为会是什么结果？如果他们说你一无所知，因为你生活在一个与他们不同的时代，你会同意吗？”

你可以澄清式地问：“你觉得这个论点有缺陷，只是因为提出这个论点的是一位生活在 17 世纪的僧侣吗？如果一个现代人提出了同样的论点，你会同意他吗？”

（2）稻草人谬误

在稻草人谬误中，人们抨击或认同的不是对手的主张或立场，而是“稻草人”——一种被曲解的、过度简化或不准确的争论。稻草人不是真正的人，稻草人的争论也不是真正的争论。相反，这是一种更容易达到击败对手的目的的策略，严格来说，这是一种没有“诚意”的策略。

这种谬误经常将对手的观点夸大、扭曲、贬低或妖魔化，直到与对手实际主张的观点完全不同。例如，A 方声称堕胎应该是自由和合法的。B 方说：“看看 A 方，他们讨厌孩子，不想让人们有家庭生活。”

如果有人说他认为老师应该做更多的事情来帮助孩子，有人就会站出来采用稻草人谬误，说他们不同意，因为“我认为孩子不应该被填鸭式喂养”。

这种谬误不仅有搅局之嫌，而且很容易引发争论，因为没有人愿意被曲解。人们倾向于从他人的观点中构建稻草人谬误，过度简化、过度概括及夸大对手的论点是最常见的方法；专注于他人论点的某一部分，而忽略其他部分也是方法之一，而这些往往是争论中最不讨人喜欢的部分；第三种构建稻草人谬误的方法是专抓边缘或极端的观点，即采用障眼法顺着对手表达对这些极端观点的认同，而对手往往忽略了这种情况。如果对方声称胎儿就是婴儿，就会说他们是想控制女性的身体或阻止她们行使自主权，而事实上对方只是想进行一场生物学论证。

要确保孩子不陷入这种稻草人谬误，一个较好的方法就是鼓励他们辩论，无论与同学还是与老师。稻草人谬误通常由以下几点促成：孩子缺乏对论点的深刻理解，缺乏对他人的同理心和理解，以及对胜利和正义的过度渴望。

你要时常提醒孩子区分事实和个人观点之间的差异。鼓励他们看清争论的本质，而不是被他人的叙述、五花八门的细节或主观判断所迷惑。孩子的目标不仅是真正理解对手在说什么，而且要以成熟和诚恳的心态来直接且认真地参与对这个观点的辩论。

让对手时时怀疑自己，这也是一个很好的方法。你可以教孩子在对手感觉状态很好时打败他们。

认同成长型思维模式的老师会很自然地建议孩子远离基于自我的争论，即尽一切努力“获胜”并显示优越感，而鼓励他们多参与基于好奇心、相互尊重和逻辑严谨的争论。要提醒孩子，如果他们为了赢得胜利而不得不运用稻草人谬误，那么他们就失去了辩论的真正意义。要让孩子在与他人辩论或争论时，小心稻草人谬误的出现。一个常用的方法是让孩子就对手的观点进行辩论，而不是对自己的观点进行辩护。你可以通过以下问题引导孩子的辩论方向：

- 基于观点的问题：“我听你说过他们争论的论点，但你觉得他们会如何描述自己的立场？他们会认为你对他们的描述准确吗？”

- 封闭式问题或事实性问题：“你对自己的观点能提供什么证据吗？”“你能否把这个观点的实际意义说一下？”
- 加深或扩大问题：“在这件事情上，你有哪些见解？你认为它们是如何影响你的立场的？”

（3）虚假两难谬误

想想在课堂上做的那些选择题，正确答案永远只有一个；还有判断题，要求孩子判断所陈述的问题是对是错。虽然这些题目可以检验孩子对知识的掌握程度，但它们也可能让孩子错误地认为，知识领域比真实世界更黑白分明、简单明了。

一个虚假两难谬误最好的例证是某政治家的声明：“你要么支持我们，要么反对我们。”这完全掩盖了一个事实，即你可以在这两者之间拥有第 3 个选择，你可能只同意他们的一部分观点，否则，要在如此境况下去理解事物对孩子毫无意义。

虚假两难谬误，错误地缩小了现实中的选择范围。这样做通常是为了迫使他人以某种方式做事，或同意某个观点。但该谬误在第一步就已出错，因为它默认对方只有两种选择。除非是在只有两个选项的情况下使用是正确的，如，这个人于1997年去世了吗？

这种谬误往往难以反驳，因为它导致了一种常见的认知扭曲，我们称之为“黑白思维”。在这种认知扭曲下，**孩子会相信只有两种结果，一种是非常积极的，另一种是非常消极的。**人们甚至可能在自己的生活中无意当中使用虚假两难谬误。比如，认为如果自己不减肥，就没有魅力。在这样的情况下，谬误和认知扭曲在共同起作用，它们大多数情况下会同时出现。

向孩子展示虚假两难谬误的荒谬性的最好方法就是把他们放在虚假两难的困境中！如果你告诉他们：“世界上只有两种人，一种是喜欢我的代数课的人，另一种是笨蛋。”他们很快就会明白这个问题，这也有助于让他们发现那些展现虚假两难谬误的人是否想让自己做对他们有利的事情。然而，在现实生活中，有些虚假两难谬误很难识别。

“你不能离开我，因为那样你会很孤独，很痛苦。”

“我们必须立即采取行动，否则我们将完全失去机会。”

“要么你拼命吃糖，变得越来越胖最后得糖尿病，要么你就戒掉糖，过健康的生活。”

无论是针对孩子的辩论还是他们的课堂学习，关于虚假两难谬误，你可以问他们几个有针对性的问题：

批评或评价性问题：“你认为对方的说法合理吗？这是真的吗？”

反问：“如果有第 3 种选择呢？如果不是 A 或 B，

而是C呢？或者两个都不是呢？”

演绎问题或诱导性问题：“如果只能选择吃大量的糖或完全不吃糖，那是否意味着所有人吃的糖都不是适量的？”

（4）循环论证谬误

循环论证谬误是一个逻辑谬误。事实上，许多孩子运用这一谬误的根源都来自老师和父母。一个典型的例子是：

> “为什么不好？”
> “因为它是非法的。”
> “为什么它是非法的？”
> “因为它不好，这就是原因！”

循环论证只是看起来像一个论证，事实上并不是，它只是对原始主张的重申。这就像说：“毒品不好，是因为毒品不好。”根本没有说服力，运用它基本上无法获取有效信息，也很难学到知识。循环论证通常以差异很大的术语表达相同的观点，因此看上去好像给你提供了解释。但当某件事并不是一个解释或起因，而只是个简单的重复时，就需要真正实力才能发现问题的本质了。换言之，前面得出的结论，也是后面得出同样结论的前提。例如：

> “我妈妈说毒品不好，她总是对的。我之所以知道毒品不好也是她告诉我的。”
>
> “每个人都喜欢巧克力口味，因为巧克力是最受欢迎的口味。”
>
> “这部电影很优秀，因为它制作得很好。”
>
> “你必须每天服用维生素，因为每天都需要维生素。”

但是，循环论证通常会以更复杂的形式出现，所以很难被辨识和反驳。循环论证的基本特征是：它已经为它试图证明的东西做出了假设，而这在逻辑上并非不正确。如果辩论的依据是真的，那随之而来的结论也必然是正确的。这个辩论的形式是：**“A 是真的，因为 B 是真的，而 B 是真的，所以 A 是真的。”**要在这样的辩论中获胜，仅仅指出论点的循环性质是不够的，因为正如我们所指出的，论点在逻辑上是合理的。因此，你必须依靠苏格拉底式的方法，让孩子更多地谈论他们的论点，从而暴露其中的漏洞。

正如你已经注意到的，这些谬误中有很多都是难以捉摸的，而且常常与其他谬误混合在一起。有时，你必须和孩子坐在一起，仔细地观察一个辩论，在开始做出评估之前，尝试先了解你看到了什么。而用这种方式提问不仅能让孩子的注意力集中，还能为他们树立一种开放和好奇的态度。要提醒他们，在真正想清楚之前，不应该盲目地接受任何一种立场。

帮助孩子理解这个谬误并辨识它的方法，就是不断地让他们提供真实的证据。循环论证不是辩论，所以要不断地要求孩子进行真正的辩论。这里，你可以采取 2 岁孩子最爱用的方法，对他们提出的所有观点不断地问：“为什么？”最终，他们会注意到自己在一遍又一遍地说同样的话！具体可以问以下几个问题：

因果问题："到底是什么让巧克力成为最美味的食品呢？"

评价性问题："你能清楚地展示你的证据吗？你的证据到底是什么呢？"

分析性问题："你能一步一步地写下你的观点吗？""这个人是否真的给出了提出该观点的理由，还是只是重申了他们的观点？"

（5）因果谬误

最后一个谬误是因果谬误，这类谬误在现实生活中很难被捕捉到，它们总是得出未经证实的结论。举个例子，当证据不充分时，你可以得出结论："你住在海边，所以你喜欢水。"这可能是真的，但如果你唯一的证据就是他住在海边，显然是不够的。

因果谬误的基本形式是：假定B在A之后，那么A一定导致了B。“她喝荨麻茶一个多月了，她的癌症症状明显好转了，所以荨麻有抗癌的功效。”“我升职时穿着这件衣服，所以它现在是我的幸运服！”

迷信、运气、一厢情愿，以及其他关于为什么事情会这样发生的不可靠的解释，都是因果谬误的依据，显然需要你仔细研究。毕竟，这是科学方法存在的原因，这样你就可以恰当地梳理出因果关系，并对某些事件和现象如何在你周围发生提出有价值的观点。

这种谬误的另一种变异体学名为“因为、所以”（拉丁文，cum-hoc ergo-propter-hoc），指的是错误假设，即两件事情同时发生必然是相互关联的。例如，喝麦草汁的人似乎比其他人的寿命更长，一定是麦草汁延长了他们的寿命！

这一谬误的根本问题有点像虚假两难谬误所衍生的，就是忽略了另一种解释的存在，即还有第3个尚未发现的可变因素，导致了两个已经观察到的结果。在上述例子中，有可能是其他更好的医疗保健等因素造成长寿，也可能和饮用麦草汁有关。同样，科学方法有助于我们识别这些“混杂变量”，以便我们能够准确确定哪个是起因。

这种谬误的关键是“相关性并不等于因果关系”，它是所有孩子都必须掌握的。如果你发现孩子犯了因果谬误类型的错误，就把它作为一次教学机会，让他们写出他们提出该论点的前提和他们从中得出的结论。询问他们写下的前提是否真的导致了结论。可以通过为同样的结论提供其他的解释来帮助孩子理解，或者可以给他们一个更为简单的例子，让他们找出错误。例如，这个镇上有很多医生，而且癌症的发病率也很高。所以，一定是医生导致了所有癌症的发生！

让他们解释为什么这个论点如此愚蠢。如果他们能向你解释清楚原因，他们在犯类似错误时就会更容易意识到。另一个例子是，鲨鱼袭击人的次数似乎与人们吃冰激凌的数量成正比例上升。这意味着吃冰激凌更容易让人遭到鲨鱼的攻击。

对于后面这个例子，你可以尝试引导孩子找到隐藏的变量，即夏季会导致冰激凌的消费增加以及更多的人去海洋中游泳！

你还可以通过问以下几个问题帮助孩子理解这个谬误并辩识它：

分析性问题："你能确定你提供的是证据吗？你能说一下你的证据是如何证明你的论点的吗？如果有别人得出这一论点，你会认为他的论点正确吗？"

元认知问题："既然你知道这是个谬误，你能举出一些相关的例子吗？在学习和生活中你能识别它吗？"

批评和辩护问题："你说的X、Y、Z，有证据吗？关于X、Y、Z的说法实际上是错误的，你又该怎么回答我呢？"

本章我们探索了认知谬误，不是因为孩子在学习哲学或形式逻辑，而是因为坚实的批判性思维是任何孩子在学习中都应该掌握的。如果你对思想上可能进入误区的所有方式都非常熟悉，就可以在孩子身上识别出它，并提前加以防范。

通过提问，你可以引导孩子认识到自己的错误。一个很重要的能力是，孩子能够轻松地审视自己的思想和观点，并保持较高的认知水平。不难想象，当孩子获得了这种能力时，他在任何方向、任何层面的学习能力都会得到提升。

画重点

HOW TO TEACH KIDS ANYTHING

- 无论是什么学科的教学计划，无论孩子的年龄多大和孩子处于哪种学习阶段，你都可以借鉴一些久经考验的教学原则。
- “金发姑娘原则”非常直观：我们应该“恰到好处”地确定课程的难度——既不太难也不太容易；教育研究人员发现了孩子习题完成正确率为85%左右这一黄金区域。这一结论与耶克斯-多德森定律有关，该定律描述了动机和效率之间的非线性关系。作为老师，你的工作是根据孩子的认知水平调整教学难度，使他们始终处于最佳的学习状态。
- 很难真正了解孩子何时理解某件事，因此你必须利用提问并从他们的答案中判断他们的认知水平。海克分类法是一个增加了复杂性的独立的任务列表。如果孩子能够完成这些任务，你就可以判定他们具备了该级别的理解能力。
- 对理解的测试有6个领域：部分、整体、互联性、功能、抽象和自我。

- 老师可以利用组织活动或直接提问来测试孩子理解能力，尽管不是所有任务都需要 6 个级别的理解力。
- 清晰的沟通能力显然至关重要，这在很大程度上取决于你向孩子解释各种概念的能力。首先对某个概念给出清晰的定义，然后使用类比、举例子、阐述和隐喻来引导孩子理解。
- 在帮助孩子培养更好的批判性思维技巧时，老师要警惕他们出现的逻辑谬误。通过提出有针对性的问题（即苏格拉底教学法），老师能够让孩子提防谬误，如对人的谬误、稻草人谬误、虚假二难谬误、循环论证谬误和因果谬误的识别和预警，进而增强孩子的自我意识、反思能力和元认知。

HOW TO TEACH KIDS ANYTHING

第4章

影响学习效果的5个重要因素

在前面的章节中，我们阐述了那些有确凿证据支持其有效性的教学技巧和方法。在本章中，继教学方法、教学基本原则和与学习最相关的老师的思维方式之后，让我们回到约翰·哈蒂以及他关于真正有助于孩子学习的学习方法——循证教学法，帮助孩子实现“可见的学习”[①]。

在该教学法中，哈蒂综合分析了1200项影响教

①“可见”首先指孩子的学对老师可见，确保老师能够明确辨析出对孩子学习产生显著作用的因素；“可见”还指教学对孩子可见，从而使孩子学会成为自己的“老师”。“学习”是指老师如何去获知和理解孩子的学习，从而为孩子的学习提供更有效的指导。——编者注

学结果的因素，对包括孩子、学校、课程、老师以及所采用的教学方法等 6 个方面进行了调查。作为一名老师，你可能很难掌握它涉及的所有方面，而最让你感兴趣的影响因素或许是最后一项——教学方法。

在教学方法方面，总共有 138 种影响教学结果的因素，分为正面影响和负面影响两类，每种因素的影响程度均不同。在观察哪些教学方法有效之前，我们先了解一下哪些因素对教学效果肯定是不利的。到目前为止，**孩子学习的最大障碍是多动症和耳聋，其原因不难理解。**同时，孩子对学习了无兴趣、缺乏动力，以及他们睡眠不足等情况也会导致老师的教学效果低下。

孩子自身的一些家庭和生活状况等老师无法掌控的因素也会影响教学结果。比如，父母频繁搬家、在军队服役或享受低保待遇等；孩子看电视太多、假期“彻底放飞”，以及老师的体罚也会给孩子学习造成障碍。

你或许会惊讶地发现，你最喜欢的一系列教学工具和方法对孩子学习并没有产生影响或影响很小，比如使用幽默的教学风格，设置开放式教室，采用更先进的远程教育技术，以及单一性别学校、课外活动、家庭作业等。

那么产生正面影响的因素有哪些呢？排名第一的是“老师集体效能”，其影响程度为1.57。这一因素的有效性是“反馈”等因素的2倍多（“反馈”的影响程度为0.7）。老师集体效能是指老师作为一个整体，在教学过程中对自身能否胜任这一角色的自信程度。这是一个很微妙的因素，因为它不是关乎一个个体的信心水平，而是对所有老师是否能够有效地帮助孩子学习的一种共同评价。

哈蒂采用行之有效的教学方法提升老师集体效能，以让他们对自己的教学效果产生自信，相信自己可以对孩子的学习产生有益的影响。无疑，这种体现在教学工作中的自信让孩子获得的安全感的益处比老师关注教学中的其他方面更多。老师集体效能是一个富有提升教学结果价值、值得持续探讨的课题，以帮助老师最终找到最好的、最适用的、可以如实地“为我所用”的教学方法。

1. 信任孩子自我评分

影响力排名第 2 的因素是“自我评分”，其影响程度为 1.44。哈蒂发现，使用自我评分可以让孩子的成绩在约 3 年内得以持续提高，这一研究结果是令人震惊的。为了更好地理解这一方法，下面举个例子，你安排孩子做一套数学题，然后给他们打分，找出所有的错误，反馈给他们一个可能“还不够好”的分数，这是教育系统普遍采用的传统评分方式。

然而，对于自我评分，你会要求孩子根据他们的实际情况自己设定目标，它更像是一种预测，从根本上改变了传统的测试流程。在做数学测验之前，你要和孩子讨论：他们的目标是什么？他们对自己后续学习的表现有多大信心？一旦他们为自己设定了目标，你就可以为他们提供实现目标所需的指导和支持了。

自我评分的有效之处在于，**孩子更积极地投入并参与学习，主导自己的学习过程，而不仅仅是等着老师给自己打分。**孩子给自己的打分结果往往准确到令人惊讶。这一结果证明，鼓励他们有更多的自我意识和反思是有现实意义的。

另外一种自我评分方法是同学间评核，也就是让孩子根据双方同意的评分标准给彼此打分。他们将同时了解彼此的学习目标和进步状况。整个过程体现了自我修正的力量——孩子通常比你想象的更专注于他们学习的细节。你可以和孩子一起设计评分方法，然后给他们分发一个或多个练习进行实践。他们的最终得分是同学间互评得分的平均分。这一过程可以提升孩子的学习自主性，激发他们的学习动力。同时也符合他们更期待公平的需求。

孩子自我评分的记录方法是创建一个表格或模板，让他们按照自己评估的方式来完成它。这些表格或模板可以从网络上下载，也可以根据自己的实际需要制作。你还可以使用个人成绩追踪的方式来帮助孩子对自己的学习进行规划。要让孩子知道，你不会摆出一副挑剔的旁观者姿态去评判他们的表现，也不会刻意挑错，你的目的是鼓励他们主动地学习，关注他们的学习进度。老师要定期地询问孩子：

- 你认为自己在这次练习中的表现如何？
- 你希望在下一个练习中有哪些进步？
- 你如何评价自己的进步？
- 关于这项技能，你会给自己打多少分？
- 你打算如何提高自己的成绩？希望老师提供哪些帮助？

2. 发掘元认知的力量

接下来两个较有影响力的因素分别为“老师期望预估”和“认知任务分析”，影响程度均为 1.29。前者是指老师对孩子表现的期望，后者是鼓励孩子自我反思，以及他们在所有学习活动中进行的认知任务，即关注认知工具，而不仅仅是结果。

老师对孩子的期望会对他们产生非常大的影响。也就是说，如果老师对一个孩子有偏见，他就可能会降低对孩子的能力的期望值，而孩子往往会对此做出回应。低期望会让人掉入“自我实现的预言”这一怪圈。反之，当老师对一个孩子充满信心和期望时，这个孩子也会努力达到这些更高的期望。

让我们来关注另一个影响因素——认知任务分析。要理解这一点，你只需要理解作为老师，你总是在两个层面同时工作：**你在教授某一学科的具体的知识，也在教授孩子如何学习。**哈蒂发现，当你更专注于第二个层面时，会对孩子的学习产生更积极的影响。

当孩子在学习时，他们会去完成各种认知任务，如问题解决、概念记忆、批判性思考、专注力训练等。在认知任务分析中，要鼓励孩子有意识地进行这些认识任务训练。从本质上讲，你是在教他们思考如何学习的技能，而不仅仅是在教某些具体的知识。

这听起来有一点儿复杂，但在课堂应用中很有意义，也能让你的教学变得更轻松。你要做的是使用反思和综合的方法，慢慢地将孩子的注意力吸引到更高的层面上。就像我们在“逻辑谬误与批判性思维”中所提到的那样，这种方法不是鼓励孩子去关注他们在想什么，而是去关注他们是如何思考的。

教孩子不要畏惧用语言描述他们正在做的事。一个很好的方法就是与孩子一起解决问题，提醒他们抓住任务或指示的关键词，并做出对应的思考，关键词包括“比较和对比”“解释”“定义”“解决”等。让孩子明确地告诉你“这是什么意思”以及他们“必须要怎么做”。例如：

“这个问题说的是解决，所以必须使用我的解决问题的能力。”

“当遇到这类问题时，我们有哪些解决问题的技巧？”

“我可以把已知的知识写在这一边，把需要查找的写在另一边……”

如此，孩子是在他们自己的认知水平上，而不仅仅是在解决问题的水平上学习。这种元认知能力的发掘是他们能够进行自我反思和调整的开始，从而最终脱离你的帮助。老师可以不断地鼓励孩子展开有关学习过程的讨论：

- 你做了哪些尝试？你的方法奏效吗？
- 能告诉我你在今天的课程中练习了哪些认知技能吗？
- 在解决这个问题所需要的技能中，你最擅长哪些，还有哪些需要做更多的练习？

一旦孩子熟悉了诸如批判性思考、记忆和创造性写作等任务，你就可以在教学中使用视觉速记。而制作小图标、符号或图像来快速传达抽象概念的方法很有用。比如让孩子准备一个小卡通大脑、一张记忆卡和一支铅笔，这可以让孩子与你一起讨论抽象认知原则的时候更自如，更熟练。

3. 优先解决关键问题

这个因素为干预反应，也就是对课堂中那些学习有困难的孩子提供的有针对性的帮助。其影响程度约为 1.29（与“老师期望评估”“认知任务分析”相同）。这样做的目的是尽早发现那些学习有困难的孩子，及时为他们提供所需的帮助，然后定期监督他们并不时评估他们的学习情况。在之前的研究中，哈蒂也认为“针对有学习障碍的孩子的干预措施”是影响教学的因素之一。

前文提到多动症或耳聋是影响孩子的最不利的因素。因此，如果你用一种方法扭转或纠正了这一劣势，对孩子的学习将产生极大的可量化效应。你可能想知道，如果自己只教几个甚至一个孩子，如果你教的孩子没有任何残疾或其他不利条件，这一方法将如何适用于你。

哈蒂认为，所有孩子都会有一种只针对他们个人的、让其受益的方法。然而，即使哈蒂和他的研究团队擅于从研究的角度观察和分析这种影响，却并不意味着他们可以针对所有这些问题提供具体的解决方法。哈蒂发现，**早期干预和定期监督学习困难的孩子，对这类孩子有很大的帮助。**但作为一名研究人员，他的工作性质让他无法告诉老师应该使用哪些早期干预措施或如何检验这些措施的效果。

在这一点上，还是需要老师肩负起这个责任。哈蒂可能很难给出如何在课堂上实施这一理念的建议，然而，实施这一理念的一个简单方法，即老师在教学中使用“易达目标”原则。想想那些要减肥的人，如果他们严重超重，需要减掉上百斤的体重，那么即使他们摄入在其他人看来仍然巨大的饭量，只要他们比平时吃得少，就会达到减肥的目的。而那些已经处于健康体重甚至体重较轻的人，要减掉一两斤体重都很困难。

这一原则适用于生活的方方面面。当你是一个初学者或还有很长的路要走的时候，在学习曲线最开始的部分，常常可以看到成绩有很明显的提升，但是随着学习的不断进步，提升的速度会逐渐减慢。从这个角度哈蒂发现，收获最大的毫无疑问是来自那些还没有完全学会的孩子。就像一个严重超重的人可以减掉惊人的体重一样，一个学习困难的孩子反而有更大的进步空间。

所有这些都意味着，作为一名老师，你最有效的策略或许是先搞定那些关键且容易收获的，即从容易实现的目标开始。你做到这一点的方法如下：

- 避免将重点放在孩子已经能轻松完成的事情上（因为从这类事上获得的收获相对小），而是选择具有挑战性的领域。虽然刚开始时很难，但孩子会获得更大的满足感、取得更大的进步，这将提升他们的自信心。

- 如果孩子们学习水平各有不同，可以让水平较高的孩子给那些水平稍低的孩子讲解知识和“授课”。
- 每节课都进行一些小测验。
- 在孩子专注力和精力最好的时候，讲解最具挑战性的内容。完成教学目标的满足感会让你以积极的心态结束课程，并对所取得的教学成果进行总结和反思。

4. 授课内容与学习水平完美匹配

“授课内容与学习水平完美匹配”这一因素对孩子成绩起到很大的影响，它的影响度是 1.28，它并不只是一个单一的教学技巧，还是发展心理学家让·皮亚杰（Jean Piaget）提出的一种被老师广泛使用的教学方法。其理念是，**如果你能知道孩子所处的学习水平，你就能够以最适合他们的教学方式来制订自己的教学和评估策略。**

这不是什么高深的科学，但当老师沉迷于某些课程和特定的教学技巧时，他们可能会忽略这一点。哈蒂的研究表明，这不是课程或教学方法本身的问题，而是它是否适合孩子，是否适合他们当下学习水平的问题。换言之，这是一个时间的问题——某一节课，对 13 岁的孩子来说会兴奋不已并极具启发性，而对 11 岁的孩子来说可能意味着极大的挑战和压力。因此，老师的工作就是确保孩子在合适的时间学习合适的课程。

皮亚杰的教育理论认为，对孩子来说，每一个学习阶段的思维都是走向更加复杂、抽象，远离具体和感官的过程。

感知运动阶段是从孩子出生到 2 岁。你不太可能在孩子这么小的时候教他学习，所以我们会跳过这个阶段，但可以肯定的是，这个阶段是具体的、基于感官的学习，而不是对抽象概念的认知。

前运算阶段是从孩子 2 岁到 7 岁。这时的孩子会渴望参与大量的想象游戏。作为一位名师，你可以利用这一发展阶段，结合游戏对孩子进行教育，而不是教授直接的、抽象的概念。举例来说，你可以通过讲述每个字母的形状来教授拼写，可以通过讲述众多的数字童话故事来教授数数，而不仅仅是教授抽象的字母和数字。

具体运思阶段是从孩子 7 岁到 11 岁。这个阶段，孩子的抽象思维开始发展，但尚未完全形成。你教授课程时仍然应该集中在具体的领域，比如，你可以教孩子用手指或算盘而不是用心算来做算术题。你要始终以某种方式将所教的概念与现实世界联系起来，包括使用图片、故事或实物等。

形式运思阶段是 11 岁之后到孩子成年。这个阶段是孩子锻炼抽象思维或自我反思的关键时期。前面讨论的认知任务对他们来说是有用的，他们能够更加从容地对自己的想法加以思考，更加熟练运地用观点和概念进行阐释和分析。但是你会注意到，这个阶段的年龄跨度很大。在理想的情况下，你应该从更具体的内容开始，当孩子达到了一定的学习水平，再逐步引入更多的抽象元素。例如，你可以指导孩子阅读一篇故事，并回答他们针对该故事提出的问题，然后抛开常规，让孩子创编不同的故事结局甚至是创编一个全新的故事。

作为老师，你不需要成为一名教育心理学家，了解孩子的学习水平对你来说更重要。你可以交给他们一个既简单又具有挑战性的任务，通过观察他们的反应来考查他们的学习水平。你要记住，每个孩子都是独一无二的，他们的学习情况也是各不同的。皮亚杰的教育理论告诉我们，适合孩子学习水平的教学内容才是最好的，无论他们处于哪个阶段。

5. 拼图法培养孩子合作意识

最后一个要讲的影响因素是拼图法，其影响程度为 1.20。拼图法最初是为了缓解紧张的课堂氛围而设计的，后来因为其产生的良好教学效果，而被广泛应用。我们在前面提到了拼图练习，老师只分配一小部分任务给孩子，并鼓励他们进行协作，直到任务完成。这是一种典型的综合协作方法，哈蒂发现它在教学中确实有效。

拼图法最适合小组学习。要使其有效，首先要设定一整个小组成员必须实现的明确目标。然后，把任务分配给每一个孩子。可以分给他们每人一段文字、一个不同的问题，或一组不同的实物（即拼图中的不同部分）。接下来，大致介绍一下对孩子之间互动的要求，包括给他们一个时间限制，或者建议他们多互动，并进行两人一组的讨论。

最后，你可以让每个孩子综合他们收集到的内容，或者以小组的形式写出主要问题的答案。老师可以通过提示指导孩子，并适时提醒他们不要忘记自己的目标。如何安排拼图活动取决于你，而实现目标的过程主要分为 3 个阶段：

- 设定目标和范围

- 允许孩子互动，共同解决问题
- 综合所学知识，包括个人的和小组的

拼图法之所以有效，是因为它通过鼓励孩子交流自己掌握的知识、学习其他孩子所掌握的知识，从而发掘出真正的、实用的，能实现学习目标的知识。在这个过程中，孩子的理解力和记忆力将得到提高，尤其是在孩子通常都喜欢这些练习的情况下。该方法还可以更好地培养孩子的沟通能力和同理心。你可以从小的拼图活动开始（甚至可以针对年龄小一点儿的孩子，把一张信息表切成数个小块，让他们重新拼合），然后以对完成小组任务有用为原则进行调整。你可以在最后的综合阶段，找机会把拼图活动与反思和元认知结合起来。

“可见的学习”一开始可能有点难，因为有科学依据的教学方法常常不是传统教学中强调的方法。许多老师为了方便自己和孩子，试图寻找一种快速的教学技巧或诀窍，但大多数教学成果往往与所使用的这些技巧无关。

哈蒂的研究结论告诉我们，要做一名优秀的老师并不需要很多的“聪明”的活动和技巧。其实，你只要有效运用本章阐述的教学方法，就可能提高孩子的成绩。让孩子参与学习的过程，让他们思考自己的想法，先解决关键的问题，并确保你所讲授内容适合孩子的发展阶段。

画重点

HOW TO TEACH KIDS ANYTHING

- 约翰·哈蒂综合了 1200 项教学研究，以考察不同因素对孩子学习结果的影响。最终选取其中的 138 个影响因素，并形成了循证教学方法。
- 对孩子学习影响最大的因素是“老师集体效能”。当老师对自己的教学效果产生自信时，孩子更容易从中获得安全感，它的益处甚至超过了教授的知识本身。
- 当孩子可以自我评分而不是由老师评分时，他们的学习成绩就会获得持续提高。自我评分使他们能够对自己的学习承担责任并主动学习，提升自我意识和洞察力。
- 元认知对孩子的学习成绩有很大的影响。老师可以鼓励孩子思考自己的想法，并跳过任务本身去反思正在执行的认知任务。
- 解决孩子学习的关键困难会对他们的学习及成绩提升产生最大的影响，老师尤其应该关注学习困难的孩子或有学习障碍的孩子，通过及时介入并定期评估其学习效果来帮助他们学习。

- 老师如果把教授的课程与孩子的学习水平相结合，或许会在教学上取得更大的成功。孩子的运算认知能力即抽象思维能力各不相同。老师需适时调整学习内容的抽象程度，时时观察孩子的学习效果，这样他们教授的课程才不会违背孩子的发展阶段。
- 拼图法可以给孩子带来更好的学习效果，这种练习方式鼓励小组合作、互动和交流。老师可以将它与自我反思和元认知结合起来，并在最后对课程进行巩固锚定和总结。

HOW TO TEACH KIDS ANYTHING

第5章

成功应对学习挑战的4个关键

1. 学业浮力

学习的过程总是困难重重，即便对那些被认为是天生聪明甚至天赋异禀的人来说，亦是如此。对任何领域的学习都不像你想象中的那么轻松，至少在你想要达到精通的水平确是如此。可惜的是，许多人刚碰到一点儿困难，就放弃了前进的步伐。

学业浮力即孩子应对学业挫折和挑战的积极性、建设性和适应性反应。它是孩子克服内在学习障碍的关键。学习浮力并非像智力一样是人人天生具备的特质，而是一套可以学习的技能和可以培养的习惯，使孩子有能力突破挑战，继续学习。

自信是学业浮力的要素之一，它能让孩子克服恐惧和焦虑。在第一章中，我们讨论了自信心是如何激发孩子的学习动力的。想象一下，如果孩子能将学业浮力的每一个要素都释放出来，那么即使面对再艰苦的学习经历，他们也能够从容应对。

据悉尼大学和牛津大学的研究人员研究发现，学业浮力的要素可以通过 5-C 模型（five Cs）得以展现，它们分别是：沉着（低焦虑）、自信（自我效能感）、协同（计划性）、承诺（毅力）和控制（低失控感）。这 5 个 C 如果被充分发掘出来，孩子就会表现出良好的学业浮力。它们促进孩子学习，但并不局限于学习的范畴。

这 5 个要素大都与内容或信息本身无关，那为什么它们对克服与学习相关的障碍如此重要呢？显然，大多数学习障碍都与心态有关，信念和毅力才是决定一个人能否成为有效学习者的关键，它们的影响远远超过了本书中提到的任何一种教学方法，这可能就是所谓的“有志者，事竟成”。学习成绩是否优异，在很大程度上取决于你对待它的认真程度，然后才是如何以更高效且聪明的方式学习。

（1）沉着

沉着是指控制焦虑和最大程度降低焦虑的能力，即在可能引起焦虑的情况（例如考试）下保持相对冷静的状态。在学习过程中感到焦虑，通常与孩子害怕被羞辱或者容易感到尴尬有关。如果别人看到自己在学习某一领域的知识时，希望向他们展示所学的知识怎么办？如果自己在展示的过程中失败了怎么办？这种恐惧会将孩子彻底击垮。

对于孩子来说，当他们无法控制自己的焦虑情绪时，就会变得十分紧张，甚至被恐惧压得透不过气来。糟糕的是，这种由焦虑引起的恐惧感会影响他们的思维，妨碍他们学习和理解新知识。但好的一点是，这些恐惧是毫无根据的。

焦虑主要源自对失败的恐惧，因此最好的解决方法是直面它。当感到恐惧时，一般都会想到最坏的情况。无论是什么样的“失败”，孩子都会觉得仿佛世界末日到了一般，这就是所谓的灾难化感受。在他们忽视真实的结果而草率地得出极端的结论时，这种感受就会出现。

这种焦虑倾向可以通过控制自我暗示来克服。要承认消极的事情可能会发生，但同时也要明白自己的很多想法可能是非理性的，甚至是虚构的。要从消极的情绪里面跳出来，试着从其他角度看待问题和得出结论。

如果你发现自己或者孩子在因某些问题担忧，不妨以乐观的心态去克服这种担忧。如果你因为犯了一个错误而自责不已，不妨提醒自己这刚好是一个学习的机会，进行自我完善之后，下次就可以做得更好。任何消极的想法都可以被积极的、鼓励的、包容的和被接纳的方式替代，最后被克服。随着时间的推移，大脑逐渐接受这些积极的信号，并判断出它们比消极的、恐惧的想法更有利，进而对这些信号进行存储。

如果孩子容易焦虑，坚持去改善这种状况，把这个“恶魔”打败，最终会获得自己需要的沉稳的学业浮力。

（2）自信

自信也被称为自我效能感，是指确信自己能够执行一项特定任务的信念。当缺乏自信时，孩子往往很难高效地完成目标。他们会怀疑自己、贬低自己，否定自己取得的任何进步。当出现这类情况时，常常是还未向其他人证实自己是个失败者，就已经放弃原定的目标了，但放弃本身也是一种失败。确认这些消极想法会让人心里坦然，但抛开疑虑去真正实现自己的目标会更让人更坦然，压力也会小很多。

如果你想帮助孩子提升自信心，可以运用以下两种方法。第一种方法是自我暗示。当你的大脑告诉你，你是一个失败者，或者某一门学科对你来说太难时，你要坚定地反驳这种想法，并声明自己会坚持学习，随着时间的推移和自己的不懈努力，你终将会取得成功。如果你不断质疑那些消极的想法，它们真的就会逐渐消失。

第二种方法更具体，即设定目标。在孩子成功完成某项任务时，会自然而然地获得自信。成功的经历越多，就越会觉得之前对自己的怀疑没有根据。因此，重拾自信最快的方法，就是把自己的学习目标细化到每天，甚至每小时，然后再逐一实现它。当这种情况出现时，请恭喜自己吧！让孩子明白，他们实现的每一个小目标都会让自己离最终目标更近一步。更重要的是，实现的每一个目标都表明他们有能力和毅力去实现为自己设定的目标。这表明他们的自信是真实而合理的。

（3）协同

协同是指有效计划和管理时间的能力。当你不善协同时，往往会陷入“计划谬误”。这种谬误指出，大部分人不善于判断完成一项任务需要花费的具体时间，常常做出完成任务用时比实际用时要少的误判。更糟糕的是，当孩子做出这种误判时，就会因为觉得时间充足而推迟完成这些任务的时间，最后却往往因为时间不充足，导致任务无法完成。

你可以采取以下几个步骤来消除这种谬误，并将他们教授给孩子。首先，减少学习时的干扰，关掉电话，关上房门，并告知家人和朋友在某个时间段自己很忙，最好不要打扰自己。当你接到新任务或有新的课程要学习时，应该坚持消除学习环境中的干扰。其次，拖延容易导致延误，即刻去做才能帮助你充分利用所有的时间。最后，优先去做耗时长和难度大的事情，把它们放在最后去做，只会让你产生虚假的安全感，进而导致无法按时完成学习任务。优先完成它们，可能会让你觉得任务比想象中的更容易完成，甚至可以提前完成。

（4）承诺

承诺也被称为毅力，是激情和坚持的结合，即坚持完成任务、抵制干扰、根据反馈采取行动并从挫折中恢复的能力。拥有承诺特质往往让你及孩子更容易实现设定的学习目标。对很多人来说，进行一天或者一个星期的学习是很容易的，但若试图养成一种新的、长久的学习习惯，则往往会以失败而告终。他们更愿意无所事事地躺在沙发上刷手机或看电影，而不是花更多的精力去提升自己，改善自己的学习和生活环境，结果只能维持原状。

与前两种要素相同，自我暗示对于加强承诺同样切实有效。说服自己行动，并拼尽全力去完成设定的目标。在孩子萎靡不振时，若其他人也用类似的方式支持、鼓励他们，同样能增强他们的个人责任感，帮助他们在精疲力尽时仍能砥砺前行。

最后，了解自己正在为之牺牲和做出承诺的事情将会带来行动的力量。如果没有感受到自己如何获益，或者会避免什么危害，孩子有时会失去行动的动力。加强承诺能够帮助自己实现什么梦想呢？一旦拥有了承诺特质，什么样的艰难困苦会被消除呢？了解了这些，孩子就会发现，眼前的困难与努力之后取得的成果根本无法相提并论。

（5）控制

控制是学业浮力的最后一个影响因素，即明白自己在多大程度上能够控制学习状况。这表现在不同的方面。首先，要让孩子相信自己有能力实现设定的学习目标。做不到这一点，他们就会只是为了行动而行动，却永远不会接近设定的目标。在前面的章节中，我们谈到了这一点——没有人是真正的先天智力超群。或许，天才是有的，但是与在钟形曲线中间分布的99%的人都无关。只有努力，才会实现设定的学习目标，而奋斗是学习过程的重要组成部分。在学习的过程中，不适应是预料之中的事情，而且它总会出现。

其次，孩子应该对自己的学习过程有一种主人翁意识。当他们对学习有所控制时，则会感受到那种个人责任感或主人翁意识，它促使你尽最大努力，在遇到挫折时还能继续前进。如果不去控制自己，工作和学习看起来就会像是徒劳无功的，如同浪费时间。而且孩子会觉得自己一直是在被告知的情况下去做事情，让情况变得很糟。

可以通过一定的方法解决上述问题，即积极主动地明确自己的目标是什么，并通过调整日常工作来实现它们。要掌握自己的命运，就去制订学习计划。让孩子明白，可以选择按照别人的期望、目标和计划去学习和生活，也可以为自己制订完全自主的目标。

学习本身并不是一项困难的事情。但是，缺少学业浮力，只会让孩子更容易失败。比起教学方法本身，这些个人因素才是有效学习的先决条件。

也许可以把学业浮力更好地定义为心理韧性：一种适应压力环境的能力。有此能力的人能够做到“顺势而为”，会尽快适应逆境而不会长期陷入困境；这一能力较低的人，无论压力是大还是小，承受压力和应对生活变化的能力都很弱。研究发现，那些更容易应对轻微压力的人也能更轻松地应对重大危机，因此，学业浮力对日常生活、学习以及罕见的重大灾难都会有好处。

心理学家苏珊·科巴萨（Susan Kobasa）指出了

心理韧性的3个要素：

- 将困难视为一种挑战。
- 无论怎样都要致力于目标实现。
- 把努力和关注放在自己能控制的因素上。

心理学家马丁·塞利格曼（Martin Seligman）也提出了心理韧性的3个不同要素：

- 将消极事件视为暂时的和有限的。
- 不让消极事件左右自己或自己的态度。
- 不为消极事件过度责备或诋毁自己。把消极的情绪看作暂时的，而不是个人缺点。

很明显，这6个心理韧性因素中的任何一个因素都能够在实现孩子的学习目标中发挥作用。它们帮助孩子从失败中振作起来。失败是生活的一部分，孩子在失败后所做的一切决定了他们的性格，并决定了他们最终成功与否。

2. 预见失败

在多数情况下，人们会将成就与成功联系在一起：胜利、积极的结果和找到解决方案。但在学习中，取得成功的关键之一是经历失败。

有价值的失败是新加坡国家教育研究所研究员马努·卡普尔（Manu Kapur）提出的一个观点。这个观点建立在学习悖论的基础上：达不到预期效果的学习如果不比成功实现学习目标更具价值的话，至少也与它具有相同的价值。这并非给你情绪上造成的影响，而是对神经系统产生的影响。

卡普尔指出，灌输知识的公认模式——尽早给孩子提供知识架构和指导，并在孩子能够独立获得知识之前给他们提供可持续的支持，但这可能不是促进学习的最佳方式。卡普尔认为，尽管这种模式从直觉上讲是有道理的，但最好让自己或孩子在没有外界帮助的情况下自己学习。

卡普尔对两组孩子进行了试验。在一个小组中，孩子在老师的全面指导下解决了问题。第二组被给予同样的问题，但他们没有得到老师的任何帮助。与第一组孩子相比，第二组孩子必须通过自己合作来寻找解决方案。

第一小组的孩子能够正确地解决问题，而需要自己解决问题的第二小组的孩子则做不到。但在没有老师支持的情况下，第二组的孩子被迫通过合作，深入研究问题。他们触及了问题的本质，并推导出了可能合理的解决方案。他们试图了解问题的根源以及解决问题的方法，研究了多种解决方案，最终得到了对需要解决的问题的“三维”理解。

然后，卡普尔对这两组的孩子就他们刚刚学到的知识进行了测试，结果出乎预料。没有老师帮助的那组孩子的学习效果明显优于另一组。这一小组的孩子没有得出答案，却发现了卡普尔认为失败中的“隐藏功效”：通过小组研究及探索过程，他们对问题结构有了更深层次的理解。

第二组的孩子可能没有得到答案，但他们对问题的各个方面了解得更多。当这些孩子在今后遇到新问题时，比起被动接受老师传授知识的孩子，他们能够更有效地利用自己在摸索中获得的知识。

因此，卡普尔明确指出，在第二组孩子学习的整个过程中，重要的环节在于他们出现的各种失误和不断进行的摸索。当该组成员积极努力地探索时，他们获得了更多以后解决问题时所需要的知识。

卡普尔认为，有价值的失败成为有效学习过程的3个条件是：

- 选择那些“具有挑战性但不会令人挫败”的问题。
- 让孩子有机会解释和阐述他们的学习过程。
- 允许孩子比较和对比好的和坏的解决方案的差异。

努力是学习的一个积极条件，尽管它需要自律和延迟满足感，而且与孩子的天性背道而驰。那么，怎样做才能让失败为你自己和孩子服务呢?

在学习过程中，你很可能会遇到一两次失败，在这中间，还有“放弃”在诱惑你。你甚至会在开始学习之前就感觉到了这一点，这可能导致严重的焦虑，影响你的学习。

预见挫折，但不要害怕挫折：在制订计划时，最好提前预料到可能存在的挫折，但你也必须计划好如何应对可能遇到的挫折。提前计划好，或再设想一旦挫折发生时，如何去降低它的影响——通常情况下，你可以先停下来，休整一下，让自己从问题中暂时抽离出来。一个简单的暂停，往往就可以让你看到真实情况，从而更清楚地知道问题所在。更重要的是，它会直接减轻你当下的焦虑感，让你有机会以一种更放松的心态来重新面对这个问题。

这是一个在你遇到挑战和困惑时能否从容应对的

问题，就好比在杂技表演时，同时向空中抛了 10 个球，表演者并不确定能否把它们都安然接住。

学习模式与结果模式不同，它们通往成功的方法也截然不同。当你想学习的时候，你只是想要获取更多的知识——任何知识的获得都是成功的学习。所以重新设定你的期望，让学习过程与学习结果变得同等重要，抑或让学习过程更加重要。

对于那些明确、静态的知识比如些事实和日期等的学习来说，这个方法并不一定有用，因为没有必要。但是，对于那些有深度的、较难的知识的获取，就无法像插电一样，仅仅把它们塞进大脑，而必须使用正确的学习方法。而在这一过程中一定会遭遇失败。在某种程度上，失败所起到的作用就好像我们在前面的章节中讨论过的 PBL 学习法，它们会让你慢慢地了解什么是行不通的，什么是不正确的，从而对知识进行三角验证，然后达成理解。

失败成就了你下一步行动的蓝图。就如同一个测试没有按计划进行，却为你将来纠正错误做好了准备。比如，你在菜园里种了一些蔬菜，小心翼翼地按照种植的各种步骤和技术进行种植，可到了收获的时候，一些蔬菜并没有按照你预期的方式生长。

是因为你用的土壤有问题吗？那就尽自己所能找出土壤有什么问题，以及它应该是怎样的。是因为植物之间的间距太近了，导致它们长势不好？那就去学学提升小空间种植效率的技术。

所有隐藏在问题背后的事实，是为了让你在生活和行动中可以避免失败。即便是学习，对于那些积极寻求成功的人来说，也会产生截然不同的结果。一种方式期待少走弯路、避免风险，而另一种方式则是为了达成目标、不计成本。失败虽然不是你的朋友，但不论你是否喜欢，它都会不时地与你相伴。考虑到这一点，采用那个可以承担风险的方法，或许才是正道，而且回报也会更大。

3. 免于评判

从某种程度上说，作为一名老师，你能教给孩子最好的一堂课，就是面对风险和失败时应该抱有一种健康的态度。你对于整个学习过程的心态会极大地影响孩子，向孩子传递学习的内容、价值是什么，等等。如果说失败比成功能更有效地指导孩子的话，那就一定要谈谈在学习时如何面对失败的心态问题。

一个不做评判的学习环境，可以培养人们抵御失败的坚定态度。如果失败对学习过程如此重要的话，你就应该确保孩子有足够的自由去冒险并尝试新鲜事物，且不会因此而感到很愚蠢。评价是一种挑战自我的游戏，它把知识和学习当作彰显个性的行为，是“固定思维”的一部分，抑或是赢得辩论的武器。

问题在于，一方面，你会用是否成功评判自我价值和个人身份，而另一方面，你还是会经历失败、犯错、无知、拖延或失败，而这些又都是对自我认同的攻击，也对自身价值造成威胁。因此，你会说“我是个失败者”，而不是说“我失败了”。你可以看出哪种态度最有可能引导自我纠正且去更努力地学习。然而，拥有正确、从不犯错或远离失败的执念会降低你对逆境的适应能力，让人发生真正的转变并努力学习的可能性变得渺茫。

这是个矛盾：当你开始学习时，显然希望掌握更多的知识、有更强的洞察力和理解力，但这样做的代价往往是作为一个初学者拥有的经历——不断面对自己的无知和技能的缺乏。于是，能够容忍失败、容忍不确定性、模糊性和复杂性的元技能在这时就显得十分重要。一个优秀的老师会让孩子知道，他们可以放心地进行实验、尝试、失败、调整并提出各种问题，而不会影响他们的自我价值或身份认同。

你或许会想，学习真的必须是一个艰苦、会走很多弯路的过程吗？还有，成功带来的积极体验和自豪感，真的会给人带来巨大的动力吗？你可以想象，经常面对自己的缺点或失败，会让人丧失信心，以致越来越不想学习。为了更好地理解这种现象，我们看一看心理学家马西亚尔·洛萨达（Marial Losada）和芭芭拉·弗雷德里克森（Barbara Frederickson）提出的洛萨达比率这一概念。

洛萨达比率的核心是，积极情绪和消极情绪之间有一个固定的比率，符合这一比率时你的生活就会处于一种成功、平衡的状态。通过使用数学模型，他们发现这个理想的比率介于 3 到 11 之间，也就是说，当积极的评论、观点和感受等的数量比消极的数量多 3 ～ 11 倍时，你可以达到最佳成长的状态。

积极的反馈、奖励和支持都会起作用，但过多则会产生相反的效果。

洛萨达比率的部分内容是，批评、失败和反对对学习也有帮助，但过多的话，就会带来挫败感和困扰。那么，如果你体验到的正面信息大约是负面信息的 3 倍的话，就会茁壮成长。而当这个比例高于 11 倍时，也就是达到了“洛萨达线”(或称洛萨达比率)，有利条件就消失了。

事实上，最初的洛萨达比率因为缺乏科学有效性而受到了严厉的批评，如今这一比率已遭到彻底驳斥。尽管如此，它的流行确实证明了，积极的情绪与消极的情绪需处于一个最佳平衡点，是有一定价值的。

作为老师，你可以忽略这一理论背后具体的科学问题，但必须要认识到孩子在挑战与轻松、成功与失败之间有一个理想的比率。另外，任何一个孩子都是动态变化、无可替代的。对他们来说，这个比率或许每天都在变化，它或许取决于孩子当前所要学习的课程，但是大多数人在积极情绪大于消极情绪的情况下会做得更好，这是事实。

4. 了解反馈

每当你接触到新环境或接收到新信息时，你都会得到反馈。反馈的是简单的原因和结果，它让你知道行动后的结果。那么，作为一名老师，你要促进这一过程，有意识地给予孩子一些有意义的反馈，以支持、指导并鼓励他们。反馈与孩子的目标息息相关，就好像是一场对话，在相互的对话中，意义会渐渐显现。其实很简单：当孩子知道他们的行为对事情的整体情况带来什么影响时，他们就可以进行自我矫正，最终改进他们的表现、自我评价和认识水平。

不知从什么时候开始，无论孩子表现得究竟如何，对他们说“干得漂亮！”成为一件稀松平常的事。然而，空洞的、不走心的表扬，跟一个没有点评的分数一样毫无意义。作为一名老师，提供良好的、可操作的且有意义的反馈是一门艺术。与其说该用什么样的字句反馈，不如说如何给予反馈才是关键。我们都知道，夸奖比批评对孩子或许更有效，但高质量的反馈还应该具备一些其他的特征。

（1）尊重

孩子应该得到最起码的尊重和以礼相待，无论他们是谁。这样，反馈才能被接受，而不会变成人身攻击。例如，在一个男性占主导地位的工作场所，只有当女性员工真正感觉到她被告知的仅关乎她的表现而非她是女性这一事实时，反馈才可能有效。

（2）及时

反馈应尽可能及时地与事件关联。例如，不要等两周，再来评估项目的完成情况，你的反馈不能太“慢性子”。

要使反馈真正起作用，就需要经常性地、“小剂量”地提供反馈，过度评估会让孩子感到茫然，也会让本应避免的错误再次出现。

（3）具体

你要让孩子明确知道他们的问题，以及产生该问题的原因。模糊不清的反馈只会让他们感到紧张，甚至产生自我怀疑。要明确地告诉孩子哪些做对了，哪些需要改进，他们的表现与其他人或固定标准相比如何。最重要的是，他们可以采取哪些具体的措施改善这种情况。如果孩子只是觉得自己受到了侮辱或遭到了贬低，他们将不知道下一步该做什么，也不知道该如何改进。

（4）使用“三明治”法

一个有效的方法是从表扬开始，然后纠正错误，最后再以表扬结束。通过这种方式，反馈在积极的环境下得到缓冲，从而能更好地启发和鼓励孩子。例如：“你的开场很棒，呼吸控制得很好。虽然高音有点儿不稳，但你结尾的部分完成得很棒，特别是最后的副歌。”当然，赞美必须是发自内心的！

（5）说事实而不评价

“在这里展示你的作品更容易得到他人的认可”，比“嘿，你的作品展示得不错”的反馈更有效。它们之间的差别虽然很微妙，但前者鼓励了内部动机，并解释了为什么会被认可。孩子可以得出自己的判断，比仅仅被告知“你很棒！”会更让他们感到自豪。同样，你要将反馈的重点放在孩子的行动、技能或能力上，而不是个人属性上。你鼓励的是一种不断进步的心态，增加了对失败和错误的容忍度。因此，对孩子说“你仰泳的连贯动作真的越来越有力了”，比“你天生就是个游泳健将”更能给孩子带来自信，而且后者并不会打动孩子。出于同样的原因，你要尽量避免给出“你应该做什么”之类的建议。

（6）不要针对个人

如果一个孩子特别敏感，你可以使用不直接提及名字的方法给予反馈。也可以现场模拟一个错误，然后做自我评价，或者评价一个假设案例。你也可以根据孩子的个性，让他们互相点评，甚至对你的教学给出点评——这让学习过程像是一种相互协作，而不是老师一边倒地只对孩子进行评价。出于同样的原因，对孩子的表现不要给出你有多满意或不满意这样的反馈，因为你的感受不是重点！

（7）融为一体

你可以通过多种方式给予反馈，但要注意哪种反馈才是对孩子有用的，可以因人而异地调整沟通方式，让它最大限度地被孩子接收到。你在反馈时要再三考虑每一个孩子的内在动力，并尽力去调动他们的内在动力。例如，如果孩子一心想成功，你就可以强调成绩的相对排名。试着给出口头反馈，但也可以留字条，或者写个短小的、不起眼的书面反馈。有的时候，一个简单的微笑或竖大拇指就够了。有时，你甚至可以从你们双方都认识的一个第三方那里给出反馈。

即使你的反馈是友好的、合理的和透明的，你也要记住，批评始终让人难以接受，所以要充满善意，努力在真诚和同情之间取得平衡，避免一次性给出太多的信息，让孩子不知所措。

给予反馈可以让学习做出可行的调整，但这也是一种情感体验，因此要注意，给孩子留出空间，让他们以自己的方式消化你的意见。如果你的反馈从来不带评判的意味，孩子自然也不会这么做。这种中立的态度会鼓励他们将反馈付诸实践，好的反馈应该是可操作的。让孩子告诉你他们打算如何对待你的建议，或是否采纳你的建议。这就如同是一种督促，让孩子可以集中注意力，快速摆脱任何潜在的尴尬或失望情绪。

更好的是，如果将你的反馈与有效的行动联系起来，你可以看到孩子的发展趋势。那么在下次评估时，你就可以给出一个最令他们满意的反馈："我能看到，你采纳了我的意见，你现在有了很大的改进，做得很棒！"针对你的每一条反馈，试着找到一个适当的机会让孩子来回应那些反馈，并真正做出有意义的改变。

良好的反馈有助于孩子内化自我评估的能力，并不断进行自我调整，还能让孩子懂得如何看待自己的进步。无论何时，也无论你给出何种反馈，正向的语言无疑是非常有力量的。再强调一遍，**关键不在于你**

说什么，而在于你怎么说。好的反馈包含具体的、实在的细节，让孩子知道下一步该怎么做，但它也充满了情感因素。你的措辞表达了对孩子的尊重、支持和肯定。

与其说“我根本听不见你在说些什么”，不如说“如果你抬起下巴、大声说话，我能听得更清楚，这样你的激情才能从你的演讲中展现出来”。

与其说“这幅画可真糟糕”，不如说“我觉得你想把这些元素结合起来的想法可能没有奏效，而且我感觉这些颜色也没有能够把你的想法充分地表达出来”。

与其说“你总是伤到自己的原因是你握球棒的方式不对”，不如说“你觉得这样握球棒效果怎样呢？如果你试着把球棒举得高一点儿，会怎么样呢”？

反馈既不同于建议，也不同于评估。简单地说，某物是好是坏，对孩子学习的提高并没有什么帮助。

作为孩子日常生活的引导者，想想你在给予反馈时所担任的角色。即你的行动会产生一定的结果，那如果你想做好，就必须关注这些结果并做出相应的调整。你要关注孩子的行为带来的影响，并将其与设定的目标联系起来。通过持续不断反复做，你的孩子将有足够的机会刻苦钻研所学的内容，提升他们的理解能力和技能水平。当有疑问时，要更倾向于给予反馈而非说教，即采用综合教学法。

要检验自己提供反馈的能力，请定期问自己以下问题：

① 我给出的反馈是否与目标相关？当反馈能够解答这个问题时，反馈会更加明确。即我正在评估的行为使孩子离他们的既定目标更接近还是更远了？（让我们再一次清楚地知道为什么在学习中有明确的目标是如此重要。有时，仅仅提醒孩子要关注更大的目标就足够了。）

② 我的反馈是否具体且可行？是否提供了让孩

子可以实际操作的意见或建议？批评孩子没有尽全力是没有用的。提出反馈意见的时候应避免评价、假设和期待，只强调简单的、客观的事实，以及根据反馈下一步该具体做些什么。

③ 我的反馈是否适合每一个孩子？反馈就是沟通，如果意见没有被真正地接收，就意味着沟通失败。所以，我的孩子对我说的话能理解吗？

④ 我的反馈中是否包含关于任务、过程或表现等有用的信息呢？换句话说，我提供的信息是否能提升孩子的洞察力和为他们提供学习机会呢？

良好的反馈应该是：

- 清晰、有目的性、有意义且与先前的知识贯通。
- 专注于学习目标和成功的标准。
- 反馈发生在孩子学习时。因此，口头反馈比书面反馈更有效。

- 向孩子提供如何达到标准，解释达到或未达到标准的原因。
- 提供改进策略。

哈蒂认为，在解决“我要去哪里？”“我要怎么去？”和“下一步该做什么？”等基本问题时，反馈非常重要。这些问题非常有用，因为它们可以缩小孩子目前的学习情况和学习目标之间的差距。另一种强有力的反馈形式，也是老师孜孜不倦期望获得的——孩子向老师展示他们已经学到的东西（形成性评价）。

老师定期在“我们做”和“你来做”阶段给予孩子指导性反馈，这是显性教学的一部分。重要的是，当老师为确保实现教学目标而立即纠正错误时，明确的指导往往强调错误的积极作用。如果老师能够创造一个自由的环境，让孩子可以没有压力地尝试犯错，那么这种“纠错练习”可以在课堂上取得更好的效果。

老师也会使用孩子的评估数据，并在课程全体会议中寻求孩子的反馈，作为对其教学实践有效性的反馈来源。在全方位的绩效改进过程中，也会征询孩子的反馈。

有研究表明，学习目标的设定以及老师对孩子表现的持续积极反馈，对他们的学习产生了强大且积极的影响。

画重点

HOW TO TEACH KIDS ANYTHING

- 孩子只有在有动力时才会学习，因此，老师有责任创造一个提供这种动力的学习环境。
- 人们会依据自己所需努力的程度、可能的结果和对结果的期望值来采取行动。老师可以通过提高学习目标及其过程的感知价值来激励孩子，同时在不破坏内在动机的情况下提高对积极结果的期望。
- 学业浮力包括沉着、自信、协作、承诺和控制这5个特质。有了培养这些特质的心态，学习过程中的困难就会像学习内容本身一样容易被克服和掌握。
- 有价值的失败是指失败本身就是一位宝贵的老师，它比成功更能提高孩子的理解能力和对知识的掌握水平。老师可以给孩子树立一种对失败的最佳态度——它是正常的、可管理的，而且是切实有用的。
- 优秀的老师应该营造一种不受评判的学习氛围。

这意味着要将孩子的表现与孩子的自我价值或身份认同分离开来，这样，失败和错误就不会被孩子视为是一种威胁或羞辱。当老师营造不评判的环境时，孩子会感到安全，可以在学习过程中探索、试验和大胆犯错。

- 反馈是学习环境的重要组成部分。好的反馈是具体的、有针对性的、及时的、有意义的、相关的和可以被孩子理解的，并且能为下一步的行动提供明确的和可操作的步骤。反馈是在对学习过程本身进行有意义的阐述的基础上所做出的判断、建议、表扬或批评。

概要指南

第 1 章　只有老师才知道的 5 种教学法

- 教学的有效性取决于老师、孩子、教学内容的特点，更重要的是，取决于教学方式。
- 建构主义教学法试图在以顺序、逻辑和有序的方式构建知识时支持孩子学习。老师的工作是在教学中制定一个渐进的教学方案，促进孩子逐步提升。
- 协作教学法利用人际关系的力量来推动孩子学习和促进孩子理解。老师可以使用协作、小组活动、团队合作、对话或孩子自己教学来帮助孩子掌握新知识。
- 探究式教学法让老师建立一个支持和激发孩子好奇心的环境，通过提问来促进孩子学习。孩子被给予案例研究、场景和问题，或者只是被提示、提问或回答问题，以培养他们的自主掌控学习过程的能力。

- 整体教学法通过跨学科和学科间的联系，加深孩子对知识的理解。通过孩子彼此传授经验和分享知识，帮助他们更好地理解和记忆知识，让孩子学会采用更实用的方法去学习。
- 反思教学法鼓励孩子进行自我评估，即通过反思自己的学习实现自我调节和学习状态的及时调整，进而获得洞察力。老师可以通过要求孩子观察并分析自己的立场，然后形成对自己的评估，以推动和鼓励后续的学习。
- 5 种教学法可以根据需要交叉使用或综合使用。
- 这些教学法都有一些共同的前提，即好的教学法必然是协作的、便捷的、实用的、以孩子为中心的和灵活的。

第 2 章　优秀老师的 5 个特征

- 循证教学的重点是基于那些会对孩子的学习产生最

大的益处的教学方法。

- 约翰·哈蒂发现，优秀老师有 5 个主要特征。
- 到目前为止，老师在学习以及课程教学中所展现的真正的热情当中，激发孩子的学习热情是最重要的，也是最有必要的。
- 灵活性也很重要，因为它使老师根据那些特别的孩子及其不断变化的需求调整教学方案。一名优秀的老师善于观察课程学习的效果，并愿意为了提升孩子的学习去改变教学进度，教学方法、规则、风格及反馈方式。
- 清晰的学习路径是指老师能够为孩子勾勒和传达清晰、合乎逻辑的学习路径，并与孩子进行交流，以便孩子始终知道自己在学习什么、为什么学，以及如何学习。清晰的反馈和期望可以让孩子在学习的道路上拥有安全感和自信。
- 和谐的师生关系至关重要。老师需要与孩子建立真诚的人际关系，并表达对孩子的认同和理解。就像其他人际交往一样，师生关系需要建立在相互尊重、相互信任和良好沟通的基础上。
- 优秀的老师是务实的，他们使用基于循证的教学策略。当旧的教学策略不适用时，他们愿意根据情况做出调整，去尝试运用新的教学策略。他们始终坚持高标准要求自己。

- 一名优秀的老师不会永远停留在他们已有的教学成绩上，而是会不断学习，不断改进教学方法，并与其他老师一起努力，以使自己的教学能力得以不断提高。

第 3 章　恰到好处的 4 个教学原则

- 无论是什么学科的教学计划，无论孩子的年龄多大和孩子处于哪种学习阶段，你都可以借鉴一些久经考验的教学原则。
- “金发姑娘原则”非常直观：我们应该“恰到好处”地确定课程的难度——既不太难也不太容易；教育研究人员发现了孩子习题完成正确率为 85% 左右这一黄金区域。这一结论与耶克斯 - 多德森定律有关，该定律描述了动机和效率之间的非线性关系。作为老师，你的工作是根据孩子的认知水平调整教学难度，使他们始终处于最佳的学习状态。

- 很难真正了解孩子何时理解某件事，因此你必须利用提问并从他们的答案中判断他们的认知水平。海克分类法是一个增加了复杂性的独立的任务列表。如果孩子能够完成这些任务，你就可以判定他们具备了该级别的理解能力。
- 对理解的测试有 6 个领域：部分、整体、互联性、功能、抽象和自我。
- 老师可以利用组织活动或直接提问来测试孩子理解能力，尽管不是所有任务都需要 6 个级别的理解力。
- 清晰的沟通能力显然至关重要，这在很大程度上取决于你向孩子解释各种概念的能力。首先对某个概念给出清晰的定义，然后使用类比、举例子、阐述和隐喻来引导孩子理解。
- 在帮助孩子培养更好的批判性思维技巧时，老师要警惕他们出现的逻辑谬误。通过提出有针对性的问题（即苏格拉底教学法），老师能够让孩子提防谬误，如对人的谬误、稻草人谬误、虚假二难谬误、循环论证谬误和因果谬误的识别和预警，进而增强孩子的自我意识、反思能力和元认知。

第 4 章　影响学习效果的 5 个重要因素

- 约翰·哈蒂综合了 1200 项教学研究，以考察不同因素对孩子学习结果的影响。最终选取其中的 138 个影响因素，并形成了循证教学方法。
- 对孩子学习影响最大的因素是“老师集体效能”。当老师对自己的教学效果产生自信时，孩子更容易从中获得安全感，它的益处甚至超过了教授的知识本身。
- 当孩子可以自我评分而不是由老师评分时，他们的学习成绩就会获得持续提高。自我评分使他们能够对自己的学习承担责任并主动学习，提升自我意识和洞察力。
- 元认知对孩子的学习成绩有很大的影响。老师可以鼓励孩子思考自己的想法，并跳过任务本身去反思正在执行的认知任务。
- 解决孩子学习的关键困难会对他们的学习及成绩提升产生最大的影响，老师尤其应该关注学习困难的孩子或有学习障碍的孩子，通过及时介入并定期评估其学习效果来帮助他们学习。

- 老师如果把教授的课程与孩子的学习水平相结合，或许会在教学上取得更大的成功。孩子的运算认知能力即抽象思维能力各不相同。老师需适时调整学习内容的抽象程度，时时观察孩子的学习效果，这样他们教授的课程才不会违背孩子的发展阶段。
- 拼图法可以给孩子带来更好的学习效果，这种练习方式鼓励小组合作、互动和交流。老师可以将它与自我反思和元认知结合起来，并在最后对课程进行巩固锚定和总结。

第 5 章　成功应对学习挑战的 4 个关键

- 孩子只有在有动力时才会学习，因此，老师有责任创造一个提供这种动力的学习环境。
- 人们会依据自己所需努力的程度、可能的结果和对结果的期望值来采取行动。老师可以通过提高学习目标及其过程的感知价值来激励孩子，同时在不破坏内在动机的情况下提高对积极结果的期望。
- 学业浮力包括沉着、自信、协作、承诺和控制这 5 个特质。有了培养这些特质的心态，学习过程中的困难就会像学习内容本身一样容易被克服和掌握。

- 有价值的失败是指失败本身就是一位宝贵的老师，它比成功更能提高孩子的理解能力和对知识的掌握水平。老师可以给孩子树立一种对失败的最佳态度——它是正常的、可管理的，而且是切实有用的。
- 优秀的老师应该营造一种不受评判的学习氛围。这意味着要将孩子的表现与孩子的自我价值或身份认同分离开来，这样，失败和错误就不会被孩子视为是一种威胁或羞辱。当老师营造不评判的环境时，孩子会感到安全，可以在学习过程中探索、试验和大胆犯错。
- 反馈是学习环境的重要组成部分。好的反馈是具体的、有针对性的、及时的、有意义的、相关的和可以被孩子理解的，并且能为下一步的行动提供明确的和可操作的步骤。反馈是在对学习过程本身进行有意义的阐述的基础上所做出的判断、建议、表扬或批评。

CHEERS

本书阅读资料包

给你便捷、高效、全面的阅读体验

本书参考资料

湛庐独家策划

- 参考文献
  为了环保、节约纸张，部分图书的参考文献以电子版方式提供
- 主题书单
  编辑精心推荐的延伸阅读书单，助你开启主题式阅读
- 图片资料
  提供部分图片的高清彩色原版大图，方便保存和分享

相关阅读服务

终身学习者必备

- 电子书
  便捷、高效，方便检索，易于携带，随时更新
- 有声书
  保护视力，随时随地，有温度、有情感地听本书
- 精读班
  2~4周，最懂这本书的人带你读完、读懂、读透这本好书
- 课　程
  课程权威专家给你开书单，带你快速浏览一个领域的知识概貌
- 讲　书
  30分钟，大咖给你讲本书，让你挑书不费劲

湛庐编辑为你独家呈现
助你更好获得书里和书外的思想和智慧，请扫码查收！

（阅读资料包的内容因书而异，最终以湛庐阅读App页面为准）

图书在版编目（CIP）数据

让孩子成为超级学习者 /（美）彼得·霍林斯著；沈丹，杨轶译 . — 北京：北京联合出版公司，2022.8
ISBN 978-7-5596-6293-4

Ⅰ . ①让… Ⅱ . ①彼… ②沈… ③杨… Ⅲ . ①学生－学习方法－教学研究 Ⅳ . ①G420

中国版本图书馆CIP数据核字（2022）第106473号

北京市版权局著作权合同登记　图字：01-2022-1959

上架指导：教育 / 社会

让孩子成为超级学习者

作　　者：[美] 彼得 · 霍林斯
译　　者：沈　丹　杨　轶
出 品 人：赵红仕
责任编辑：高霁月
封面设计：ablackcover.com
版式设计：寇　淼

北京联合出版公司出版
（北京市西城区德外大街 83 号楼 9 层　100088）
唐山富达印务有限公司印刷　新华书店经销
字数 80 千字　147 毫米 ×210 毫米　1/32　5.75 印张　0 插页
2022 年 8 月第 1 版　2022 年 8 月第 1 次印刷
ISBN　978-7-5596-6293-4
定价：69.90 元
